素晴らしき自転車レース

谷口和久

未知谷
Publisher Michitani

素晴らしき自転車レース

目次

スイス
オーストリア
★ステルヴィオ
★モルティローロ
コモ湖
★ミラノ
ガルダ湖
★ヴェネツィア
★セストリエーレ
スロベニア
クロアチア
ボスニア・
ヘルツェゴビナ
フランス
★フィレンツェ
コルス島
（イタリア語名：コルシカ島）
★ローマ
サルデーニャ島
★エボリ
バジリカータ
★パレルモ
シチリア島
アルジェリア
チュニジア

素晴らしき自転車レース

1　カンピオニッシモと呼ばれた男

近ごろテレビをみる機会がめっきり減ったせいかもしれないが、自分の中で〝時代と一体となったスポーツ選手〟といえる存在がいなくなって久しい。二〇二三年のワールド・ベースボール・クラシックの優勝も前年のサッカー日本代表の活躍も、その時々には高揚感を覚えるものの、終わってしまえば非常に遠い国のできごとか、あるいは遥か昔のニュースかのように心の中を引っかかることなく過ぎ去ってしまう。次から次へと情報のあふれかえる現代社会の弊害かもしれない。

しかし、かつて――「かつて」をいつに定義するかは人それぞれだろうが――は確実に〝時代と一体となったスポーツ選手〟というものが存在した。七〇年代に物心ついた自分にとっては何といっても王貞治であり、もう少し前の世代の人たちにとっては長嶋茂雄だろう。なにも野球に限らずまた国内に限らず、そういった〝時代を熱くする男たち〟が比較的醒めた目で物事を見がちな自分の中にも存在した。バスケットボールのマイケル・ジョーダン、ボクシングのマイク・タイソン。欧州や南米に目を向ければF１のアラン・プロストやアイルトン・セナ、それにサッカーのマラドーナ。いずれも単に「強い」、「常に勝利する」というだけでなく、なにかしら「美」や「生き様」といったものを我々に示してくれた選手たちであった。

〝時代と一体となったスポーツ選手〟のあり方は、その時代によって変わってくるのだろう。王、長嶋といったところは高度成長期の日本とその姿が重ね合わされるが、それより前、敗戦から立ち上がりつつある時代には水泳で活躍した「フジヤマのトビウオ」古橋廣之進だったりするのだろう。

長い歴史を持つスポーツには、いずれかの時代にエポックメイキングな〝時代と一体となった選手〟が存在しているものだが、イタリアをはじめとするヨーロッパの自転車競技もご多分に洩れない。その最上位に君臨するのがカンピオニッシモことファウスト・コッピである。カンピオニッシモとは、カンピオーネ（イタリア語でチャンピオンの意）に最上級表現〝-イッシモ(-issimo)〟が付いた、彼を讃える称号である。

ファウスト・コッピは、日本と同様、敗戦国だったイタリアにおいて、その政治的動向を左右するほどの熱狂的関心を持って受け入れられた選手であり、おそらく今後、彼のような選手は現れることはないであろうと言われる。日本において王や長嶋がそうであるように。彼が選手生活を送ったのは第二次大戦をはさんだ約二十年間であり、一九一九年生まれのコッピは一九六〇年にマラリアのため、その四十年の短すぎる人生をあっけなく閉じている。すでにその死から六十年以上たっていながら、いまだにその名が人々の口に上り、自転車の広告にその走る姿が使われ、

自転車のブランドにその名が冠されるほどの人気である。いや「人気」というより、むしろ「崇拝」といったほうがふさわしいほどの扱いである。

もちろんコッピの走りをリアルタイムで見たことはないが、今でも雑誌やネットで自転車に関する情報に触れている限り、遠く離れた日本でも彼のことを意識せずにはいられないほど、カンピオニッシモのオーラは強烈だ。実際、写真で見る彼のライディング・フォームは本当に美しい。腕と足は長く、胴体はずんぐりとして短くやや猫背気味で、普通に立っている写真を見るとちょっと不安定な印象を受けるが、自転車にまたがると、とたんに自転車と肉体が黄金比を描くのである。

歴史に残るコッピのキャリアは一九四〇年のジロ・ディ・イタリアにおける総合優勝に始まる。しかし、時代は彼から自転車を取り上げた。徴兵されたコッピは北アフリカ戦線に従軍し、そこで捕虜となって一九四五年までイギリス軍の収容所に入れられてしまう。戦後のコッピ――引き揚げ直後の彼は衰弱しきっていたという――は失われた時代を性急に取り戻すかのように、次々と勝利を勝ち取っていく。戦後、ジロ・ディ・イタリア総合優勝が四回（一九四七、四九、五二、五三）、ツール・ド・フランス総合優勝が二回（一九四九、五二）。一九四九年と五二年の二回もダブル・ツールを果たしたのである。

彼はもちろん才能のある偉大な選手だったが、さらに当時まだ様々な旧弊にとらわれていた自転車レース界に科学的トレーニングやチーム戦略といった新風を導入したことでも知られる。

ここで、いったんコッピから離れて、自転車のチーム戦略について簡単に触れたい。

自転車レースというものを見たことがない、あるいは見たことはあるが詳しくは知らないという方には、それがマラソンと同じように個人競技、つまり「ヨーイ、ドン！」でスタートして各選手がそれぞれ他の選手と個人対個人で競うものであるように思われることだろう。レース結果では一人ひとりの着順が出るのでなおさらである。しかしながら実のところ、自転車レースは非常に高度な――別の言い方をすれば、はたから見て非常に分かりにくい――団体競技なのである。通常、プロのレースは十人ほどのチーム単位で参戦するもので、個人で参加することはない。各チームは「エース」と呼ばれる、優勝を狙えるような強豪選手と、「アシスト」と呼ばれる、「エース」をサポートする選手から構成される。では「アシスト」はどのように「エース」をサポートするのか。その一番の役割は走行中エースの風よけとなることである。プロのレースでは、コースにもよるが通常スタートからゴールまでの平均時速が三〇キロ後半から場合によっては五〇キロ近くにもなる。完全無風状態としても常に風速三〇～五〇キロ／時の風圧を受けて走らなければならない。これはまるで自転車の後ろにタイヤをくくりつけて引きずっているかのような大きな負担となるわけで、先頭を走って風を受けている場合と他の選手の後ろに付いている場合とでは、疲労がくらべものにならないのである。このためアシストはエースのための風よけとなり、自らの着順（場合によってはゴールすることすら）を犠牲にし、身を粉にしてエースの前を引くのである。そうしてエースは勝負どころ――それはゴール直前だったり最後の登り坂だったり――で他チームのエースとの最後の勝負に出る。そして、このような戦術をシステマティックに仕上げたのが合理主義者コッピにほかならない。

このように書くと「コッピというのは要領のいい奴だったんだな」と思われがちだが、要領のよさでその名が残ったわけではもちろんない。むしろ重要なステージでは百キロ、二百キロという長距離を単独で逃げ切り、他を圧倒するかたちで勝利をものにしていった。ことに第二次大戦後、敗戦国イタリアにあって、その走りは国民に希望と誇りをもたらしたのである。同じように敗戦国だった日本で「フジヤマのトビウオ」の活躍がそうだったように。

日本のラジオ放送黎明期の名セリフとして

「前畑ガンバレ！　前畑ガンバレ！　前畑ガンバレ！」というのがあるが、イタリアにおけるそれは次のようなものである。

「ひとりの男が単独でレースを支配しています。そのウェアは白と空色。その名はファウスト・コッピ」。

これは一九四九年のジロ・ディ・イタリア最大の勝負どころと見られた第一七ステージ当日、中継アナウンサーの開口一番の実況である。イタリアとフランスの国境を越える二五四キロの山岳ステージ。誰しも最後の登りとなるセストリエーレまで動きはないだろうと思っていたところ、ラジオをつけたら、いの一番にこのアナウンスが飛び込んできたのである。中継の始まるはるか前から単独で飛び出していたコッピに、ラジオの前の聴衆は歓喜。その後の中継はひたすらコッピの独走を伝えるものであり、聴衆たちは手に汗にぎりながら、まさにコッピとともにペダルを回している気持ちだったろう。ゴールまでの一九二キロを一人で走り切ったコッピは、ラジオの向こうで耳を傾けるイタリア国民の心の中に神話を作り上げたのである。

2　ジロ・ディ・イタリア事始め

　ミラノ中央駅から東に一キロほどのところに、かつてロレート円形広場と呼ばれた、比較的大きな交差点がある。現在はロレート広場と改名されているが、以前の名称である「円形広場」が示すとおり、四方八方に道の伸びる交通の要所である。ミラノでも中央駅のあたりはあまり治安が良くない場所と言われており、私もこの広場を通りかかったことがあるが、ちょうど朝市が開かれていて、並んでいる電化製品や衣類のバッタ物ぶり、それに露天商たちの目つきから、泥棒市的な、ただならぬ印象を受けた。

　ところで、このロレート広場では第二次大戦末期の一九四五年、独裁者ムッソリーニが愛人とともに憎しみに満ち満ちた市民の手によって、見せしめのためその死骸を逆さ吊りにされた場所としてその名を後世にとどめることになったが、ここで語るのはもちろんムッソリーニの生涯でも泥棒市の話でもない。

　時はムッソリーニの逆さ吊りからさかのぼること三十六年前の一九〇九年五月一三日。早朝というよりまだ深夜といったほうがふさわしい午前二時五三分、このロレート円形広場から記念すべき第一回ジロ・ディ・イタリアの幕が切って落とされた。参加選手は一二七人。一二七人の行く手には、イタリア一周二五〇〇キロに渡る過酷なコースが待ち構えていたのである。

話はさらに一年前にさかのぼる。イタリアのスポーツ新聞ラ・ガゼッタ・デッロ・スポルトの一九〇八年八月七日号の一面に、第一回ジロの告知が掲載された。これは、ライバル紙コッリエーレ・デッラ・セーラがすでに自動車によるイタリア一周レースを開催していたのに対抗して、ガゼッタの編集長トゥッロ・モルガーニが発案したものである。隣国フランスでは、すでにかの地のスポーツ紙ロトがフランス一周自転車レース、ツール・ド・フランスを立ち上げ、成功させていた。

元々、世の中の事象を取り上げるところから始まったジャーナリズムも、そのうち自ら大衆の耳目を惹きつけるイベントを企画・開催し、読者獲得を図っていった。日本でも同じような図式で、朝日新聞と毎日新聞が高校野球を競って開催したり、読売新聞が野球チームを立ち上げたりしたことはみなさんご存知の通り。

日本でもジロに先立つ一八九八（明治三一）年に初めての自転車レースが東京・上野で開催され、参加者数も第一回ジロの四倍ちかい五百人と大規模なものだった。しかし、残念ながらその後日本で自転車レースが定着しなかったのは、ジャーナリズムとの緊密な連携が図られなかったこととも無縁ではないだろう。

自転車レースの中でも、ツール・ド・フランスやジロは「ステージ・レース」と呼ばれる。これは何日間にも渡って、町から町へレースが渡り歩くもので、日程が長いほど、毎日のレース結果はもちろんのこと、道中さまざまなドラマやアクシデントが発生し、それがますます読者の興趣・関心を煽ったのである。

ガゼッタの一面告知を受けて、アタラやビアンキといったチームが参戦した。アタラもビアンキも当時のイタリアにおける第一線の自転車メーカーであり、彼らは自社製品の販促を目的にチームを立ち上げていた。ビアンキは今なおイタリアのナショナル・ブランドとしてその空色のシンボルカラーとともに世界的に知られる自転車メーカーである。ちなみにファウスト・コッピが駆っていた自転車もビアンキ製である。アタラは、一時は経営危機に陥ったものの、今でもシティ・サイクルを主体としたメーカーとして生き残っている。

マスメディアの拡張、自転車メーカーによる機材競争、そしてなによりも「個」の競争を求める大衆社会の勃興、これらが三位一体となってジロをはじめとする自転車競技（のみならずスポーツ全般）が広まっていったのである。

第一回のジロは走行距離二千五百キロを八日間に分けて行われた。なんと一日あたりの走行距離は平均三〇〇キロを超えたのである。ちなみに、現在のプロレースで最長のものは春先に行われるミラノ・サンレモの二九八キロ。ただし、これは一日で終わる「ワンデー・レース」と呼ばれるもので、何日間にも渡るステージ・レースでは一日あたりの距離はより短く設定されるのが通例である。当時は路面状況も悪く、自転車も現在のようにカーボン製の軽量フレームなぞもちろんない。重い鉄製のフレームで、しかも当時はまだ変速機もなかったので登りでも固定された重いギアで登らねばならなかったのである。第一回ジロのコースは次の通り。

・一日目：ミラノ↓ボローニャ
・二日目：ボローニャ↓キエーティ
・三日目：キエーティ↓ナポリ
・四日目：ナポリ↓ローマ
・五日目：ローマ↓フィレンツェ
・六日目：フィレンツェ↓ジェノヴァ
・七日目：ジェノヴァ↓トリノ
・八日目：トリノ↓ミラノ

これらの八ステージに渡るレースは連日行われたのではなく、あいだに休息日をはさみながら行われた。これは、一日三〇〇キロという殺人的コースレイアウトに配慮したわけではなく、ガゼッタ紙の発行が当時は週三回だったので、その発行日にあわせてスケジュールを組んだというのが真因らしい。現在でも多くのスポーツ競技がテレビの放映時間によって競技時間が振り回されているが、それは百年前から変わらないということだ。まあ、選手からしてみれば、「それくらい休みがなければやってられん」といったわけで、「これ幸い」だったに違いない。

さて、ミラノのロレート円形広場をスタートした一行だったが、いきなり最初の通りで集団落車が発生。ここで、ツールを連覇して優勝候補の筆頭に上げられていたフランス人選手プティブルトンが落車に巻き込まれ、自転車修理のため三時間も遅れる羽目になった。当時はチームによるサポートは認められておらず、選手は自ら予備タイヤや工具を抱えて走り、修理も自分でしなければならなかったのである。

八日間のレースを走り切り、五月三〇日に最終ゴールのミラノにたどり着いたのは参加一二七人中、四九人。完走率は三八%と現代のレースとくらべて相当過酷だ。当時は「スポーツ競技」というよりむしろ「サバイバルレース」と呼ぶ方がふさわしいものだったのである。

ルイージ・ガンナ

優勝は左官屋のルイージ・ガンナ。ただ、その優勝への道のりは必ずしも平坦なものではなかった。第一ステージではゴールのボローニャ・ザッポリ競技場にトップで入ってきたものの競技場内でまさかの転倒、態勢を立て直す間に後続に抜かれてしまい四位に終わる。続く第二ステージではゴール直前のカーブでコースミスしてこれまた後続に抜かれ、アペニン山脈を越える第三ステージでもいいところなし。しかしながらフィレンツェのゴールではスプリントを制し、トリノには単独でゴールに飛び込んだ。最

終日の時点でガンナは総合ポイントでトップに立っていたものの、後続との差は磐石と言えるものではなかった。その最終ステージ、ゴールまで七五キロを残す地点でガンナがまたまたパンク。その間にライバルたちにタイムを奪われたが、第四ステージ以降のポイントをキープし総合優勝に輝いた。賞金五千リラとジロの総合優勝者リストの筆頭にその名を留めるという栄誉を手にしたのだった。トップのガンナの平均時速は二七・二六キロ。近年のレースでは平均時速が四〇キロ前後というのがザラなので、それと比べてしまうとはるかに劣るものではあるが、当時のプリミティブな自転車で、二四四八キロもの悪路を走り切ったことを考えれば驚異的な記録である。もし、今の選手が同じ条件で走らされたら、間違いなく体中に痛みを訴えることだろう。

最後に、勝者ガンナによる感動の（?）優勝コメントがこちら。

「ジロで一番の思い出は、ケツが焼けるほど痛かったことさ！」

3　私の愛したイタリアン・バイクたち

　これまで三十年ほどロードレーサーを乗り継いできて、「駆け抜ける喜び（©BMW）」を与えてくれたのは数々のイタリアン・バイクだった。

　初めて手に入れたロードレーサーは、日本製の「三連勝」というマニアックなブランドのものだった。別に始めからマニアックな自転車乗りだった、もしくはマニアックな自転車乗りを目指していた、というわけではまったくなく、ただ単に近所の自転車屋にその三連勝がたくさん並べられていて、その中から一番安いものを選んで買っただけのことだった。これは後から知ったことだが、この三連勝は競輪選手も愛用しているブランドだそうで、今から振り返っても乗り味など素晴らしいものだったが、当然ながら初心者段階でその良し悪しは皆目わからず、「ロードレーサーって気分良いな〜」という単純な感想しか持ちえなかった。

　そのうち自転車雑誌など読み漁るようになり、「新車インプレッション」といった類の記事をあれこれ読んでいるうちに「この自転車に乗れば、もっと速く走れるに違いない！」という妄想がムラムラと膨らんでいき、三連勝を購入してからまだ二年たつかたたないかのうちに早くも次の自転車への買い替えを考えるようになってしまった。今ならはっきり言える「速く走れるかどうかは、自転車ではなく、本人の能力・努力しだい」と。しかし、駆け出しの当時はまだ「評価の高い自転車＝速く走れる良い自転車」という認識だった。その頃、最も気になっていた、すなわち最も妄想を掻き立ててくれた自転車は「モゼール」だった。これはかつて世界チャンピオンに輝いたことのあるイタリアの名選手フランチェスコ・モゼールの興したブランドである。

話はそれるが、近年の不景気は「健全な妄想」が欠如していることが原因の一端ではないだろうか。テレビやネットなどで妄想を刺激する情報の供給過多による不感症化。あるいはこれまで「未来の夢」を示してくれた現代社会が、結果として品質問題や環境問題といった「未来の不安」をもたらしてきたこと。近頃、自転車が環境にやさしい乗り物として、この不景気の中でも脚光を浴びているのは、そんなことも背景にあるのかもしれない。閑話休題。

そのモゼールを置いているという自転車店を雑誌で調べて、さっそく行ってみた。店に入ってみると、三連勝を購入した近所の店よりもはるかに多くのインポート自転車が所狭しと並べられており、まさに「まばゆいばかり」だった。特に強烈な印象を与えてくれたのは「コルナゴ」という、これまたイタリア製の自転車だった。自転車というよりむしろマイセンなどの磁器を思わせるような美しいペインティングと、メッキの妖しい輝きが魅了した。「これが欲しい……」という視線の先にぶらさがる「〇十万円（正確な額は失念）」の値札が、私のささやかな希望と財布を打ち砕いた。

所望のモゼールは、やはり雑誌で取り上げられていたせいかすでに在庫がなく、失望気味の私

ウィリエールに描かれたパンターニのトレードマーク　著者撮影

に店員が勧めてくれたのは「ウィリエール」という自転車だった。これはイタリア・ヴェネト州の自転車メーカーで、私にとっては初耳のブランドだったが、なんでもマルコ・パンターニという、おっそろしく登りの速いイタリア人レーサーが乗っている自転車だと言う。実際、手にしてみるとおっそろしく軽い。なぜならそのウィリエールは、それまで主流だった鉄製の自転車ではなく、アルミ製なのである。自転車雑誌の情報で頭デッカチになっていた私の脳みそには「これからの主流はアルミ！」とインプットされていたので、これはなんとも魅力的だった。カラーリングはかなりビビッドな黄色を主体としたもので、自分にはちょっと派手すぎるかなという気がしないでもなかったが、アルミの軽さと先ほどのコルナゴよりはかなり財布にやさしい価格設定に惹かれ、ウィリエールを購入することに決めたのだった。

購入して乗ってみると、乗り心地も非常にスムーズで軽く、ピシッと圧雪されたゲレンデをエッジを研ぎ澄ましたスキー板で滑っているかのような心地良さだった。登りでも軽く進み（これが必ずしも「速く」とイコールにはならないのである、残念ながら……）、その購入後の七月のツール・ド・フランスで、件のパンターニがウィリエールを駆って二つの区間で勝利するのをテレビで目の当たりにして、まるで「自分の中にパンターニが乗り移った」かのように速く走れている心地（すなわち誤解）にさせてくれたのだった。

そのように気分よく走れるウィリエールにも欠点がないわけではなかった。まずアルミというのは、重量は非常に軽いのだが、その特性上、振動吸収性が鉄などに比べるとかなり劣るので、長時間走ると体の芯になんとも言いがたいシブ〜い疲れが蓄積されるのだった。また振動吸収性が良くないということで、荒れた路面では、ことに下り坂などを結構なスピードで下っていると、まるで「地震が起こっているのか?」というほどの振動が体に伝わってきて、ヒヤッとさせられることがしばしばだった。

それでもこのウィリエールに乗り始めてからレースにも出るようになり、自分の中の「自転車熱中症」を大いにヒートアップさせてくれた。そんなこんなでますます自転車の世界にのめりこむようになり、自然と行きつけの自転車屋というのが出来た。この店主もかなりのイタリアン・バイク好きで、ことあるごとにあれやこれやと勧めてくれるのだが、ミレニアムの二〇〇〇年、かつてコルナゴが私に与えてくれた、いやそれを上回るインパクトをもたらす自転車に出会った。それはイタリア北東部ヴェネト州の美しい町トレヴィーゾにある「ピナレロ」というブランドの「オペラ」という名の自転車だった。細身のフレームに流麗なカラーリング。なによりその本体に鉄に加えて新素材のカーボンが組み込まれていることに驚かされた。車体の前半分が鉄、後ろ半分がカーボンで、両者を組み合わせることで振動吸収性や推進力を高めた設計となっているのである。

実際乗ってみると、ゆるやかな上り坂など、まるで後ろから誰かに押してもらっているかのようにスーッと進んでいくのだ。下り坂でもあたかも空を滑空しているかのような感覚だった。

このピナレロでは本当に多くの「駆け抜ける喜び」を体験した。乗鞍や美ヶ原のヒルクライム（標高差千メートルを超える坂道をひたすら登るレース）やツール・ド・沖縄（国内最大のアマチュアレース）といった大会に参加したり、下関から京都まで日本海沿いの八百キロをツーリングしたり、さらにはこの自転車を飛行機に積んでフランスに飛び、エタップ・ド・ツールというツール・ド・フランスのアマチュア版に参加。フレンチ・アルプスの峠四つを越える一四〇キロのコースを走ったのもピナレロと共にある思い出だ。

その後、一時期フランス車に浮気した時期もあったが、最近ようやく「これぞ自分の分身」ともいうべきイタリアン・バイクに出会うことができた。その話は次章にて。

エタップ・ドゥ・ツール、著者撮影

4　イタリア自転車オーダー記

きっちり足に合った靴さえあれば、じぶんはどこまでも歩いていけるはずだ。そう心のどこかで思いつづけ、完璧な靴に出会わなかった不幸をかこちながら、私はこれまで生きてきたような気がする。行きたいところ、行くべきところぜんぶにじぶんが行っていないのは、あるいは行くのをあきらめたのは、すべて、じぶんの足にぴったりな靴をもたなかったせいなのだ、と。

（『ユルスナールの靴』須賀敦子著、河出文庫より）

須賀敦子さんがここに書かれた「きっちり足に合った靴」というのは、言うまでもなく比喩であり、人生を歩んでいくのに必要な有形無形の諸々の事柄を指している。こうした比喩によって、天気晴朗・順風満帆とは言い難かったご自身の半生を振り返っておられるのだろう。

須賀さんほどの振り返るべき人生を持たない身としては「たしかにきっちり足に合った靴って、いまだかつて出会ったためしがないなぁ」といった短絡的感想を持つのみだ。ただ「どこまでも歩いていける」というフレーズはとても魅力的だ。たとえ速くなくてもいい。時には迷ってもいい。風の吹くまま気の向くまま、体力・気力の続く限り「どこまでも歩いていけ」たなら。「きっちり足に合った靴」というのは、ポジティブな側面と、ネガティブな要素を持たないという側面と、両方の意味合いを持つのではなかろうか。どういうことかというと、前者はそれを履くことで足が弾むように動くということであり、後者は靴擦れなどおこさない文字通りサイズがきっちり合っている靴ということだ。

自転車にも同じことが当てはまるだろう。弾けるように足が回る自転車、長時間乗っても肩や腰が痛くなることのない自転車。「きっちり体に合った自転車さえあれば、じぶんはどこまでも走っていけるはずだ」。はたして真実は?! それを探る旅に出た。

二〇〇九年八月。その夏イタリア・ヴェローナを訪れる予定があったので、事前にグーグルで現地の情報を調べた。かつては「旅の前には『地球の歩き方』」だったが、今では完全に「旅の前にはグーグル」だ。まぁ旅に限らず、なんでもそうだが。イタリアに限らず、国内でも自転車で遠出をするときには事前に旅先の自転車店を調べるのが習慣になっている。もちろんパンクや故障といったトラブルに遭った時のためということもあるが、行く先々でどんな自転車が並べられているか眺めることも楽しみの一つなのだ。

「ヴェローナ/自転車」とか「ヴェローナ/自転車店」といったキーワードでヒットしたのが、ヴェローナ市街から真西に行くこと約一五キロの場所にあるカステルヌォーヴォ・デル・ガルダという町にあるズッロ(ZULLO)という自転車店のサイトだった。まずは(失礼ながら)イタリアのサイトにしては、すっきりしてわかりやすい構成に惹かれた。

ページをたどっていくと、サイズオーダー「ス・ミズーラ」にも対応しているという。そう、ここは既製品の自転車を並べて販売しているのではなく、自らフレーム製作をおこなっているのだ。周りでは「イタリアでコートを仕立てた」とか「靴を誂えた」という話は聞いたことがあったが、自転車をイタリアで作ったというのは寡聞にして聞いたことがなかった。本や雑誌では読んだことがあったが、「なんとなくややこしそうだ」というのが正直な印象だった。特に通関というものが、よくはわからないが、よくわからないだけに鬱陶しい。面倒な書類を提出させられたり、余計な金（＝税金）を払わされたり。そういった事柄を頭の中で並べるだけで、「なら、やめておこう」ということになる。もっとも、日本で販売されている輸入品にはすべて関税がかかった上で、さらに代理店や販売店のマージンも乗っかっているのだから、個人輸入によってマージン分が安くなるわけで明らかにお得なのだが、人間不思議なもので、自分で直接払うとなると「余計な出費」と感じられるのはなぜだろう。いずれにせよ、サイズオーダーそのものはかなり魅力的ではあるのだが、それにまつわる諸々の手続きで二の足を踏んでしまうのが実際のところだ。

しかしながら、このズッロのサイトを見ていたら、問い合わせ対応言語の中に、なんと日本語があるではないか。しかも工房スタッフに日本人の名前がある。これなら手続きでトラブル等があっても、日本語で相談ができるのではないか。そう思い、とりあえず日本語と簡単なイタリア語で「注文するかどうかは現時点では決めていないが、サイズオーダーに興味があるので、貴店で自転車を見せてもらったうえで採寸をお願いしたい」という趣旨のメールを送った。すると、日を置かず工房の日本人スタッフ安田マサテル氏から、ちょうど私の訪問時にはご自身は日本に一時帰国して不在だが、工房はぎりぎりバカンス前で開けているので親方ティツィアーノ・ズッロ氏が直接対応しますとの返事が来た。と、ここまでが渡航前の話。

さて、イタリアに渡ってヴェローナ滞在中に工房を訪問した時のこと。初対面のズッロ氏はイタリア人としては物静かで、顔立ちも含めてサッカー日本代表監督をつとめたザッケローニ氏に似た印象。さっそく訪問の趣旨を伝えると、「マソ（安田氏）から聞いているよ」ということで、こころよく招き入れてくれた。ちょうど真夏の昼下がりのこと、すでにその日、百キロほど走り回って汗みどろになってやってきた私に、冷蔵庫からミネラル・ウォーターの大きなボトルを差し出してくれた。冷たい水でのどをうるおしながら商品ラインナップや製作現場を案内してもらう。店内はもちろんのこと、作業場や収納スペースも整然としていて、「ここなら安心して発注できそうだ」という印象を持った。

ズッロ工房（2009年当時）　著者撮影

採寸にとりかかる。身長から始まって、股下・ひざ下・腕などを専用器具で測定。一瞬の

すきに太ももの皮（＝皮下脂肪）をつままれ、「まずまずだね」とボソッと一言。一通り採寸後はエスプレッソを飲みながら、デザイン・仕様・納期についてすり合わせ。ここはサイズオーダーだけでなく、デザインもオーダーできるのだ。数十種類はあろうかというカラーパターンの中から選ぶもよし、あるいは腕に覚えのある人であれば、自分でデザイン画を描いて発注することも可能だ。

　仕様というのは「どのような目的で自転車に乗るのか」ということをヒアリングされる。レースなのか、サイクリングなのか。また、ひとことレースと言っても、平地のレースが主体なのか、アップダウンのある山岳コースが主体なのか、といったことだ。私の日ごろの走りは「山岳コースをマイペースで」ということが多く、大会に参加と言ってもここ最近は「グラン・フォンド」と呼ばれる長距離山岳サイクリング大会ぐらいで、本格的なロードレースに出ることはほぼない。グラン・フォンドと銘打った大会は、日本では一般的に順位をつけることはなく、自分のペースで、速く走りたい人はレース・モードで、ゆっくり走りたい人はサイクリング・モードで参加できる、非常に懐の深いイベントである。これが本場イタリアとなると、現役のプロ、ＯＢ選手、トップアマが入り乱れて着順を競うものと

ティツィアーノ・ズッロ氏、著者撮影

なる。もちろんイタリアでもマイペースライダーは大勢いるが。私はもちろん後者なので「グラン・フォンドが好みなので、楽に長距離のアップダウンをこなせる自転車がほしい」というオーダーをした。体格に合わせることはもちろんのこと、こういった乗り手の目的に応じてフレームのサイズやパイプの組み合わせ角度などを自在にアレンジしてもらえるのが、オーダーフレームの大きなメリットだ。その際、ズッロ氏のような熟練のフレームビルダーであれば、長年の経験から乗り手の体格、乗車スタイル、目的など様々な要素を勘案して、絶妙のセッティングをしてもらえる。すなわち「きっちり足に合った靴（自転車）」を手にすることができるわけだ。

納期については、「いつまでに欲しい？」と聞かれたが、特に大会に出る予定があるでもなく、とはいえ「いつでもいい」と言うとかなり後回しにされるかもと思ったので、「年内には欲しい」と答えた。すると「いま、オーダーがかなり多いから、年明け一月ごろでもいいかい？」と聞かれたので、二つ返事でOKした。結果的には、その後ズッロ氏が心臓発作で倒れたり、アイスランドの噴火で航空便が足止めを食ったりで、日本に到着したのは四か月遅れの五月だったが。

ここで工房の主、ティツィアーノ・ズッロ氏の経歴をご紹介しよう。

一九五二年ヴェローナ近郊のスタッラヴェーナという小さな村の生まれ。一四歳で自転車レースを始め、約十年間選手生活を送った。その一方で、一七歳の頃からフレーム製作の世界にも足を踏み入れ、次第にその腕を認められ、その名を聞けば誰もが知るようなビッグブランドの下請けとして高い評価を得るようになる。

さて、イタリアにおける自転車職人のあり方について、おおまかに整理しておこう。ざっと三つのタイプに分けることができる。

第一のタイプは、自らのブランドを有し、ジロやツールに出場する有力チームにフレームを供給するような、日本でもよく知られた職人たち。もはや職人というより、ビッグブランドともいうべき存在で、エルネスト・コルナーゴやウーゴ・デローザといった名は、ロードレースに多少なりとも興味のある人であればきっと耳にしたことがあるだろう。

第二のタイプは、ビッグブランドに所属し、その中で働く職人たち。彼らは一般ユーザーにその名が知られることはないものの、斯界では知れ渡った人も少なからずいて、彼らの腕がビッグブランドを支えてきたとも言える。

そして第三のタイプが、ビッグブランドの下請けとしてフレームを納入する職人である。彼らの中には日ごろは自らの名を冠した自転車を地元のレーサーや愛好家たちに販売している者もいる。そして、そういった無名の若手レーサーたちがいつしかプロとして活躍するようになったとき、それまで乗り慣れた自転車を使いたいがスポンサー契約上、特定ブランド以外の自転車は使用不可ということになる。そうした場合、実際には昔からの自分のサイズや癖をよく理解している馴染みの職人に製作してもらって、表面のロゴだけチーム契約のブランドに書き換えるといったことがまま見受けられるのである。あるいは、ビッグブランドやプロ選手から腕を見込まれて下請け製作を発注されるケースもある。

このような幅と厚みのあるこの国の職人層が、自転車づくりの世界におけるイタリア・ブランドの価値を高めていったのである。

かようなイタリアならではのマニュファクチュアのありかたこそ、「基本機能の充実」を図りつつ、「イタリア人ならではのうるさいまでの要求に対するきめ細かい対応」、そして「イタリアならではの美意識」といった、競技用自転車に求められる、ときには相反する条件を高い次元でクリアしてきたわけで、ドイツの質実剛健一辺倒や、アメリカのベルトコンベア式大量生産とは異なる、イタリアの自転車づくりの強みといえよう。

ズッロ氏に話を戻すと、下請けと地元愛好家を相手にした小規模なビジネスにもやがて転機が訪れる。オランダ人の夫人のサポートもあり、オランダのプロチームＴＶＭのオフィシャルサプライヤーとしてフレームを供給することになったのだ。ＴＶＭは当時ジロやツールにも出場していた有力チームである。一九八六年より一九九二年までサプライヤーをつとめ、その間に知名度のアップに比例して事業規模も拡大していった。一時は従業員を十人抱え、年産五千本を誇る規模まで成長したこともある。

しかしながら、九〇年代に入ると自転車ビルダーの世界に二つの大きな波が押し寄せてきた。ひとつは製造業の中国・台湾へのシフトである。それまで「メイド・イン・イタリー」を売りにしてきたイタリアのビッグブランドも、破格の製造コストには流されざるをえなかった。いわんや小規模下請け業者はなすすべもなく、次々と工房の灯を落としていったのである。

もうひとつには、プロチームとサプライヤーの力関係の逆転である。一九九四年に刊行された『イタリアの自転車工房――栄光のヒストリー』（砂田弓弦著、アテネ書房）によると、それまでプロが使う自転車は貸与もしくはチームや選手の側が金を払って購入していたものが、一九九一年を境に逆にメーカー側が「広告宣伝費」としてチームに金を払って自社フレームを「使ってもらう」という図式に変わったのだ。

ウーゴ・デローザ

「一九九〇年までは自転車だけでよかったんだけど、その後は金も必要ということになった。昔は逆に選手が金を出して買っていたものさ。メルクスだってモゼールだって金を払ってウチの自転車を買っていたんだ」

ジョヴァンニ・ピナレッロ

「デルトンゴ（筆者注：イタリアのプロチーム）に供給していた時（～一九九一年）はフレームを貸与していたけど、今は逆にこっちが金を払わなくちゃいけない。莫大な金が必要さ。だけどそんな莫大な金を払ったとしても宣伝効果は大きいね」

ちょうどこの時代（八〇年代後半～九〇年代）は、自転車に限らずスポーツビジネス全体のあり方が大きな変革を迎えた時期でもあった。

一九七六年に開催されたモントリオール・オリンピックが、結果的に三〇年以上にわたって引きずることになる莫大な負債を抱えたこともあり、次のオリンピック（一九八〇年の大会はその時点ですでにモスクワ開催が決定しており、ここでいうのは一九八四年開催分）ではほとんど候補地が現れず、数少ない候補地から選ばれたのがロサンゼルスだった。

ロサンゼルスのオリンピック委員会は地元の実業家をスカウトし、モントリオール大会の反省をもとに「稼げる大会」を模索した。そこで考案されたのが、スポンサーの絞り込み、それにテレビ放映権の大幅値上げである。すなわちオリンピックのブランド価値を高め、「世界何十億の人々が注目する広告媒体」として売り出した。最終的には二億ドル（当時のレートで約四〇〇億円）の黒字化と、大成功をおさめたのである。

以後、オリンピックは金のなる木となり、その余波はサッカーワールドカップやF1、そして自転車レースにも広まった。選手が使用する自転車、ウェア、沿道の看板、そしてチームそのもの、すべてが広告媒体として、それまでとは比べものにならない価格で取引されるようになった。ウェアがスポンサーロゴで余白がないほど埋め尽くされる「耳なし芳一状態」になったのも、この頃からだ。

トレンドに乗った拡大志向か工房閉鎖か。いずれにせよ、純粋にものづくりを愛する職人にとっては厳しい選択だったろう。そのような時代にあって、ズッロ氏の最終的な決断は、従業員たちを解雇して規模を縮小することだった。工房開設時の原点に立ち返り、自分一人でできる範囲でフルオーダー対応のものづくりに専心することにしたのである。

自転車のフルオーダーというと、鉄製のものが一般的である。それは数ある素材の中でも、鉄のチューブはバリエーションが豊富で加工もしやすいためである。一方、近年主流となっているカーボンは一般には金型による生産となる。個別のサイズに対応すると特に大手メーカーにおいてはコストメリットのない製造方法となってしまうため、あまり目にすることはない。しかしながらズッロ工房では、パイプの上からカーボンを手巻き加工していくことで、フルオーダーに対応している。カーボン素材そのものは工房の近くにあるランボルギーニや飛行機のエアバスの機体を下請け製造している企業のものを使用しているので、その品質は折り紙つきである（二〇二三年現在カーボンフレームは廃番）。

発注から九カ月の歳月を経て手元に届いたフレームであるが、ひと言でいえば「無味の味」といえようか。ポジションはもちろんのこと、剛性や乗り心地について、「固い」だの「柔らかい」だの、あるいはカーボンにありがちな「よくしなる」といった、自転車乗りがよく口にする何らかの指摘ポイントが一切感じられないのである。自然に何の違和感もなく乗りこなせるフレームだ。このような感覚は、これまで乗ってきたフレーム（鉄、アルミ、カーボン）がいずれも既製品だったためか、一度も味わったことのないものだ。まさに「きっちり足に合った靴」ということだろう。最後に残された唯一にして最大の問題は「非力なエンジン（＝己の実力）」である。さてどうしたものか……。人喰い鬼エディ・メルクスは強くなるための秘訣をこう語った。

「たくさん乗ることだ」。

5　マルコ・パンターニの思い出

二月一四日は、三世紀の聖人ウァレンティヌスの殉教記念日であるが、ここ日本では結婚式やクリスマスと同様、クリスチャンでもなんでもない人でも参加できる（というか勝手に参加している）キリスト教関連イベントとして生活に溶け込んでいる。

そもそもは、時のローマ皇帝クラウディウス二世はガリアやゲルマニアに攻め込むにあたり、兵士たちが国に残した奥さんに後ろ髪ひかれるのを防ぐという名目で結婚を禁止していた。それにもかかわらず聖ウァレンティヌスがその禁を破り兵士たちのために結婚式を執り行って皇帝の逆鱗に触れ、処刑の憂き目にあった。その処刑日が二月一四日だったという言い伝えである。

そこから恋愛の守護聖人として奉られ、時を越え海を渡って、ここ日本ではチョコレートを媒介として女性が男性に愛を告白する日となり、むしろ最近は「目的と手段は入れ替わる」という格言のとおり、チョコが飛び交うことに意義のある日となっている。日本人の宗教観うんぬんはこの際置いておいて、まぁどちらかといえばおめでたい類のイベントと言えるだろう。

そんな二月一四日ではあるけれど、われわれ自転車レースファンにとっては、ひとりの偉大なレーサーの命日として胸に刻まれている。そのレーサーとは、イタリア・チェゼナーティコ出身のヒルクライマー、マルコ・パンターニである。

パンターニは一九七〇年一月生まれ。そして彼が亡くなったのは二〇〇四年。享年わずか三十四歳。ジロ・ディ・イタリアやツール・ド・フランスの頂点を極めた男がこれほど若くして孤独で悲惨な死を遂げたことに、イタリアのみならず世界中の自転車ファンの間に大きな波紋を呼んだ。その最期についてはあとで触れるとして、彼がなぜここまで慕われる選手となったのか、そのキャリアをたどっていきたい。

パンターニが生まれたチェゼナーティコは、エミリア・ロマーニャ州の海沿いの町。かつてサッカーの長友選手が所属したチェゼーナとは目と鼻の先である。パンターニもイタリアの少年のご多分に漏れず子供の頃はサッカーに熱中していたが、今ひとつ芽が出ず。とある日、家の近所を走り回る自転車を見かけたのが自転車を始めたきっかけだった。

自転車にはまったパンターニは、偉大なレーサー、ファウスト・コッピの名を冠したその名も「ファウスト・コッピ自転車クラブ」に所属し、早くからメキメキと頭角を現していった。海に生まれた少年は山に憧れ、幼いころから百キロもの距離をものともせず、内陸の山間部まで足をのばして走りまわり、登りでの才能を伸ばしていったのである。

登りを得意とする選手はイタリア語でスカラトーレと呼ばれる。もともとスカーラという単語は「階段」や「はしご」を意味し、そこから「登る人」ひいては「登山家」や「自転車のヒルクライマー」をあらわすようになった。

登りというのは、だれでもそうだろうが、まあしんどい。当たり前だけど。ママチャリでもみなさん経験がおありだろうが、足は重いわ、そこを無理やり進もうとするから腕や上半身によけいな力が入るわで、ギッコンバッタンと体重差のある人同士シーソーに乗った時のような、ぎこちない動きになってしまうものだ。プロの選手であっても、百キロ、二百キロを全力で走ってきて最後の登りにかかるころには疲労困憊となり、（素人ほどではないにせよ）ギッコンバッタンはまぬがれない。しかしながらパンターニの登りは、上半身はがっちり安定しペダリングは綺麗な真円を描く。あまりに滑らかな真円ペダリングぶりで、夜中にレースの映像なぞ見ていると、知らず知らずのうちに睡眠誘導されてしまうほどである。

それにしても、自転車競技ほど体の動きの限定されているスポーツも少ないのではないだろうか。もちろん、リュージュやボブスレーのように、一般人が触れる機会のない特殊なものは別として。はたから見るぶんには、動いているのは脚だけ、それも半径およそ一七センチ（＝クランク長）の範囲内。ハンドルを握る位置はいろいろ選択できるので持ち替える時には多少体は動くが、それは直接的には自転車を前に進めるための動きではない。サッカーや野球、あるいは同じ持久系競技である陸上などと比べると、圧倒的に身体の動きが少ないスポーツである。

かように身体動作は少ないながら、自転車競技は「世界で最も美しいスポーツ」と言われている。まあ、そう言っているのは自転車関係者ばかりだが。それにしても、ヨーロッパの古い街並みや雄大なアルプス、ピレネー、それにドロミテといった山並みの中を、色とりどりのバイクとウェアが流れるように駆け抜けるさまは、本当に心から美しいと思う。そしてスピードも美しさの一要素となっていることは間違いない。

私自身は残念ながら生前のパンターニの走りを生で見る機会はなかったが、知人が九八年のツールを観戦し、パンターニの登りをじかに見たという。かなり急な登り坂であっても飛ぶようにあっと言う間に走り抜けていってしまって、ほとんど顔など見えなかったそうだ。（ちなみにパンターニはスキンヘッドなので、顔がちゃんと見えなくてもすぐ認識できたとのこと）。ビデオなどで見ると、登りであっても巡航速度がそもそも速いうえに、一瞬のアタックの切れ味が格段にすばらしいので、他の選手が止まって見えるほどである。ラルプ・デュエズという、標高差千メートルを超えるフレンチ・アルプスの強烈な登り坂を平均時速約二五キロで走った記録を持っており、この記録はいまだに破られていない。ちなみに、ラルプ・デュエズの登り口に入るまでに、すでに二百キロ近くを、それも二千メートル級のアルプスの峠をいくつも越えてきてこの速さである。

九二年にプロデビューを果たしたパンターニは、デビュー三年目の九四年にジロで総合二位、同年のツールでも総合三位に入った。特にジロでは、最後の山岳コースで一発逆転を狙った大逃げをかまし、残念ながら最終的にはライバルチームにつぶされてしまったものの、そのチャレンジングな走りはかつてのコッピを彷彿とさせ、イタリアに熱狂の渦をもたらした。

しかしながら、翌九五年はレース中にコースに飛び込んできた車のため足の骨を折り、選手生命も一時は危ぶまれるほどの重傷を負った。続く九六年シーズンもまるまる棒に振り、復活をかけた九七年も五月のジロでコースに飛び込んできた猫が引き起こした集団落車に巻き込まれリタイア。しかし、この年は夏には復帰し、七月のツールでは前述のラルプ・デュエズでのコースレコード達成をはじめとして、二年あまりの空白を埋めるかのように大いに気炎を吐いたのである。

そして迎えた九八年。この年はパンターニにとって輝ける年となった。五月のジロではロシアの強豪パヴェル・トンコフと山岳において、のちにパンターニ自身「勝利か、さもなくば死か」と語るほどの死闘を繰り広げ、マリア・ローザを手中にしたのである。七月のツールでは、ジロの疲労が残る中、当初ははかばかしい走りはできなかったものの、山岳に入るとぐんぐん調子を上げ、氷雨の降るフレンチ・アルプスでドイツのサイボーグ、ヤン・ウルリッヒを粉砕した。ラストの坂を渾身の力で駆けあがるさまを見て、イタリアのアナウンサーは「パンターニが飛んでいます！」と絶叫を繰り返した。このレースを振り返って、パンターニはこのように語っている。「このアタックは非常にリスキーではあったけど、苦痛のことなど気にしなかったよ。けがでブランクとなったこの数年で、

マルコ・パンターニ

苦痛と共に生きることを学んだのさ。なぜ、これほど強烈に坂を駆けあがるのかって？　それは苦しむ時間を少しでも短くするためさ。」

同じ年にジロとツールを制したのは過去にわずか七人。イタリア人としては、ファウスト・コッピとパンターニの二人だけである。

しかし栄光の日々は長くは続かなかった。いや、栄光の輝きがまばゆいほど、暗黒のどす黒さが際立ったと言ってもよい。九九年、ふたたびジロの総合優勝を目前に控えた日にドーピング検査で陽性となり、レースから追放された。その後、全盛期の走りを取り戻すことなく、失意のうちにクスリに溺れ、最後はリミニのホテルで薬物中毒による発作により、孤独のうちに三十四年の短い生涯を閉じた。苦悩の日々を少しでも短くするかのように。

6　気骨のレーサー

とある国のイメージと、その国の映画のイメージには通じるものがある、と言えるだろう。たとえば、こんな図式で。

アメリカ＝ハリウッド映画＝勧善懲悪、ハッピーエンド
フランス＝フランス映画　＝エスプリ、アンニュイ
日本　　＝日本映画　　＝しみじみ、ほのぼの

A＝B、B＝C、でA＝Cだ。

なら、ロシア映画はどうなのか、中国映画は？　インド映画についてのお前の見解は?!　などとすかさずたたみ込まれると、「これは映画評ではないので……」と及び腰になるしかないのだが、これだけは言える。「イタリアにはこの法則が当てはまらない」と。

一般的にはイタリア＝陽気でにぎやかなイメージだと思うが、映画となるとまったく逆。戦後

のネオレアリズモから始まって、フェリーニの『道』やヴィスコンティの『ベニスに死す』など、重苦しく悲しい映画のオンパレード。もっとも衝撃的だったのはネオレアリズモの巨匠ロッセリーニの『ドイツ零年』。戦争映画ながら、戦場はまったく描かれていない。しかし、これほど悲惨な映画は見たことがない。これを見たあと、しばらく人と口をきくのもいやになるほど、なんともやるせない、いたたまれない気分にさせられたものだ。

そんな気分にはさせられるものの、なにかしら人間に対する透徹した視点というか、ヒューマニティといったものが感じられるのは事実だ。この遺伝子は後年の作品にも引きつがれ、『ライフ・イズ・ビューティフル』や『二人のトスカーナ』などはアカデミー賞をはじめ、名だたる国際映画賞を受賞している。そして、偶然かどうかはわからないが、この二作品はイタリアにおける第二次大戦中のユダヤ人迫害を描いたものである。

ユダヤ人迫害を描いたものというと、我々日本人に一般になじみのあるものとしては『アンネの日記』や映画『シンドラーのリスト』などがあり、あまりイタリアでのユダヤ人迫害というのは思い浮かばないものだが、枢軸国だったイタリアでは、ドイツ本国やドイツ占領下の国々ほどではなかったにせよ、同様の事態が起こっていた。そして戦後には、パルチザンと同じように、ユダヤ問題が映画のテーマとして取り上げられるようになったのである。

今からお話するのは、荒れ狂うファシズムの時代にあっても、迫害されたユダヤ人たちのためにひと肌もふた肌も脱いだ、とあるヒューマニティあふれる自転車レーサーの物語である。

一九四三年のとある日、イタリア中部、聖フランチェスコゆかりのアッシジにある聖クイリーコ修道院でのこと。ふたりの修道女が捨て子ポストの小さなすき間から様子をうかがうように、そっと外をのぞいていた。しばらくすると、そのすきまの向こうに、自転車のユニフォームからつき出た引き締まった筋肉質の足がにゅっとあらわれた。そして低くささやく声がポストのすき間ごしに響いてきた。

「バルタリだ」。

声の主は修道女にいくつかの証明写真と書類をポストのすき間から差し出した。これらは自転車のチューブの中に隠されてここまで運ばれてきたものである。なぜなら、これらの書類は当時のイタリアにあっては違法かつ危険極まりないものだったから。バルタリが自転車のチューブにしこんできたのは、ユダヤ人がファシストの追手から逃げるために、偽パスポートを作成するための証明写真と書類だったのである。

第二次大戦の前後を通じて、ジーノ・バルタリはファウスト・コッピと人気を二分するほどの実力と名声を兼ね備えた選手だった。レースの前に参加全選手を引き連れて教会でミサを行うほど敬虔なカトリック信者でもあった彼は「敬虔なるジーノ」と呼ばれ、単なる人気選手という位置づけを越えて、ある意味、イタリア

国民の精神的支柱ともいえるほどの存在であった。

時の独裁者ムッソリーニも、バルタリが反ファシズムの旗手であることを知りながら、あまりの存在の大きさに下手に取り締まると国内における自分の立場を危うくしかねないということで、なかなか手出しができなかったほどである。一方バルタリとしてもそういった立場は認識していたかもしれないが、やはり公然堂々とユダヤ人の逃亡を手助けするというわけにもいかず、自転車のトレーニングをよそおって書類を運んだり、できあがった偽パスポートをユダヤ人のもとに届けたりしていたのである。胸に「バルタリ」と大きく書かれたジャージを身につけて。

余談だが、「ファシズム」はイタリア語である。私自身イタリア語を学ぶまでファシズム＝ナチス＝ドイツ語とすっかり思い込んでいた。束を意味する「ファッショ」という言葉から派生して、社会主義の全体行動ひいては国家全体主義をファシズムと称するようになったという。

バルタリは一九一四年、フィレンツェ近郊のポンテ・ア・エマ出身。フィレンツェ出身のイタリア人にバルタリのことを聞いたところ、彼はなんとバルタリの遠い親戚にあたるという。バルタリは二〇〇〇年まで長生きしたということもあり、地元で見かけたこともあったそうで、やはりバルタリはイタリアにおいて「特別な存在」として語りつがれているそうである。

バルタリ自身はもともと農家の出身で、コッピとくらべると派手さはなく、当時のイタリアではコッピのファンというと都会的で先進的なイメージ、一方のバルタリ・ファンは田舎っぽく保守的なイメージだった。あるとき、レース後のインタビューでバルタリが「神のご加護により勝利したのだ」とコメントしたところ、それを聞いたコッピが「神さまはそんなにヒマじゃないだろ」と皮肉っぽく言ったそうな。

五つ年の離れた二人だが、すでにジロ・ディ・イタリアやツール・ド・フランスに勝利していたバルタリと同じチームにあとからコッピが入り、「両雄並び立たず」の言葉どおり、かならずしも二人の関係は良好なものではなかったといわれている。本来、自転車競技においては、ひとつのチームの中に一人のエースと、その他大勢のアシストからなるのが基本的なチーム編成であり、おなじチーム内にエースが複数混在すると、チーム内で無用の主導権争いがおこってしまう。とくにバルタリとコッピのように、それぞれが総合優勝を狙うことのできる力を持っていると、その確執は相当なものだろう。二人のライバル関係については、のちの章でも触れていきたい。

晩年のインタビューで「天国でライバルたちに会ったら、なんとあいさつを？」と聞かれ、山岳でならしたバルタリはこう答えた。

「死んだら、すぐには天国に行かずに、まずは煉獄の方がいいな。だって、そっちの方が登りごたえのある坂が多そうじゃねえか。」

7　イタリアvsフランス

すでにここまでお読みいただいて恐縮だが、これまでの章では触れてこなかった自身の自転車のルーツをカミングアウトしたい。

ここまではイタリアを中心に語ってきたが、はじめのころはイタリアの自転車やレースにはほとんど興味がなかったということ。さらに言えば「自転車と言えばフランス、レースと言えばツール・ド・フランス」という人間だったのである。自転車を始めてから当分の間は。

今でこそツールやジロといった多くの自転車レースをテレビでリアルタイムで観戦することができるが、私が自転車に興味を持ち始めた九〇年代半ばには、ツールのダイジェスト版の放送が実際の開催時期からひと月ほど遅れて、しかも深夜の一二時、一時といった時間帯に放映されるのみだった。当時、海外の自転車レースで日本に情報がそこそこ入ってくるものと言えばツール・ド・フランスだけだったのである。そういったこともあり、私にとって「ツール一番、ジロ二番」、「ジロ＝イタリアのローカル・レース」、「フランスこそ自転車大国」であったのである。

二〇〇一年、人生初の欧州旅行の行き先は、当然のごとくフランス。パリでレンタ・サイクル

（型はママチャリに毛のはえた程度）を借りて、ツールの最終ステージよろしくシャンゼリゼ大通りを走り回り、パトカーにクラクション鳴らされたのも今となっては（いろんな意味で）冷や汗ものの思い出だ。

この時のパリ訪問では、凱旋門をはさんでシャンゼリゼの先にあるグラン・ダルメ通りというエリアに自転車屋が立ち並んでいるという情報を手に入れて行ってみた。しかしながら、ほとんどの店はすでに看板を下ろしており、唯一営業していた店も当たり前のようにフランス製品しか並べておらず、「さすがフランス」と妙なところで感心したものだ。

翌二〇〇二年にはツール・ド・フランスの観戦&参戦（もちろんアマチュア版）という、自転車乗りにとってはなんとも夢のようなツアーに参加。ちなみに、アマチュア版の大会というのは「エタップ・デュ・ツール」とよばれ、ツール開催期間のプロの休息日に、アマチュア自転車愛好家のために本番のツールとまったく同じコースを開放して走ることのできるイベントであり、参加人数は当時で八千人を超える大規模なものだった。言うなれば「自転車版ホノルル・マラソン」。これを走った後もしばらく現地に滞在し、本物のレースをアルプスの山岳地帯でじかに観戦した。地元フランスはもちろん、ドイツ、スペイン、ベルギーといった周辺の国からバカンスを利用してやってきた観客が、沿道を二重三重に埋めるさまは圧巻だった。夏のバカンスシーズンに開催されること自体、五月開催のジロに比べると集客といった点でも大きなアドバンテージであろう。

ツールは一九〇三年、ジロは一九〇九年に開幕し、いずれも一世紀以上の歴史を誇る。新聞社による拡販キャンペーンの一環として始まった両レースは、間に二回の世界大戦をはさんでなおも続いている。
歴史の長さはほぼ変わりがないものの、ツールの方が当初から国際色が強いというか、広く門戸が開かれていた。逆に言えば、ジロは先に述べたようにイタリアのローカル・レースといったおもむきが強く、参加選手も圧倒的に地元イタリア人が多数を占めていた。（別にジロが意図的に門戸を狭めていたわけではないだろうが）
たとえば、ツールでは早くも第七回（一九〇九年）の大会でフランス人以外の選手が優勝しているが（この時はルクセンブルグ）、ジロで初めて外国人優勝者が出るのはツールに遅れること四十年あまり、一九五〇年の第三三回大会である。国別の歴代優勝者の数も、ジロは圧倒的に地元優位である。

ツール
①フランス：三六
②ベルギー：一八
③スペイン：一二

ジロ
①イタリア：六九
②ベルギー：七
③フランス：六
（二〇二一年末時点、上位三か国のみ、数字は延べ）

また、ツールにおける地元フランス人選手の優勝は、一九八五年のベルナール・イノー以来とだえており、それ以降スペインやイギリスなど様々な国の選手がフランスを蹂躙しまくっている。

一方、ジロは近いところでも二〇一六年にイタリア人選手ヴィンチェンツォ・ニバリが優勝を飾っており、やはり「ジロの主役はイタリア人」といった様相を呈している。

ただ、選手の国籍に関してはイタリアがどうこうというより、フランスの地盤沈下の感が否めない。山岳や平地でそれなりに見せ場を作る選手はいるものの、最終的な勝利への執念というか、かつて「ブルターニュの穴熊」と呼ばれ全選手から畏れられたイノーが持っていたようなギラついた目は、今のフランス人選手たちにはもはや見られない。

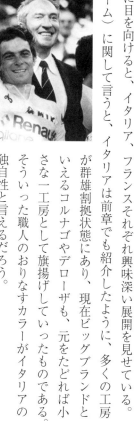

ベルナール・イノー

話を変えて、機材に目を向けると、イタリア、フランスそれぞれ興味深い展開を見せている。
自転車本体（フレーム）に関して言うと、イタリアは前章でも紹介したように、多くの工房が群雄割拠状態にあり、現在ビッグブランドといえるコルナゴやデローザも、元をたどれば小さな一工房として旗揚げしていったものである。そういった職人のおりなすカラーがイタリアの独自性と言えるだろう。
一方のフランスであるが、かつては同じように技術力の高い小工房が存在し、中でもアレックス・サンジェやルネ・エルスといったビルダーは、芸術品とも言えるような美しいフレームを製作していた。ただ、ここで過去形で書いたように、これらのビルダーもすでに衰退・廃業し、今では一部の好事家が愛玩する自転車となっている。フランスの場合、むしろ近年はカーボンなどの最新素材を他社に先駆けて導入して、「ビルダー」というよりむしろ「メーカー」と呼ぶ方が似つかわしい、ルックやタイムといったブランドが中心となっている。

偶然かもしれないが、イタリアのブランドの多くが創業者の名前（コルナゴ、デローザ、ピナレロなど）を冠しているのに対し、フランスの主なブランドは先にあげたルックもタイムも英語、それもえらく単純なものばかりだ。フランス語至上主義のフランス人はいずこに?!

そんなところにも、彼我のスタンスの違いがあらわれているのではなかろうか。「具体的にどんな違い？」と聞かれると困るけど。しいていえば、イタリアの自転車は創業者の個性や独自の考え方が強烈に反映されているのに対し、フランスは一般企業と同様、先進の技術を取り込んで経営においても「マネジメント」や「マーケティング」「技術革新」といった、ありきたりのビジネス本と同じ臭いがする。

そんなわけで、「ツール・ド・フランスが世界最大の自転車レース」という認識は今も変わりがないものの、知れば知るほど「イタリアのロードレースの方が面白い……」、それに「イタリアの自転車の方が魅力的……」というのが極私的結論である。

8　ビチクラシカ　インタビュー

伝統的な人形問屋の並ぶ大阪・松屋町筋。この町の一角に、日本では珍しい欧州のヴィンテージ自転車を並べるギャラリー「ビチクラシカ」がある。

オーナーはミラノ出身のルイージ・ヴェラーティさん。本業は建築家だが、若い頃はイタリアのアマチュア・カテゴリーで自転車選手として活躍され、その後ミラノ国立芸術学院を卒業し、一九八六年に来日。二〇〇九年には本業の傍《かたわ》ら、趣味が高じて建築事務所の一階を改装しヴィンテージ・ロード・ギャラリー「ビチクラシカ」をオープン。さらには、オリジナルフレ

ビチクラシカ　著者撮影

ームをプロデュースするという熱の入れよう。
今回はそんなヴェラーティさんを松屋町のギャラリーにたずね、イタリアのレース事情、ヴィンテージ車の魅力についてお話をお聞きした。ちなみに、ヴェラーティさんは流暢《りゅうちょう》な日本語（しかも関西弁！）を話される。

――自転車を始めたきっかけは？

ヴェラーティ（以下Ｖ）：始めたのは十三歳から。私が始める前に兄が始めていたんだけど、私もとてもやりたくて、父に一年くらいお願いして。自転車自体、高いものだからね、特にロードバイクは。そうそう簡単に手に入るものではなかったし。

――イタリアでもそうなんですか？

Ｖ：普通の自転車屋さんでは売ってないですし。それで、一年くらいお願いし続けて、兄がまた新しい自転車を買う時に一緒に付いて行って、中古の自転車を買ってもらったんです。

――イタリアの男の子は、サッカーか自転車かだと思いますが、自転車を選んだ理由は？

Ｖ：もちろんサッカーはイタリア人みんなやっていますよ。好き嫌いは別にして。やらなきゃいけないこと、流れ的には（笑）。サッカーならどこでもできるし、お金もかからないし、一番ポピュラーなスポーツですよね。服もいらないし、ボールがあればできるし。なんで自転車かというと、父が自転車好きだったから。さらにさかのぼると、私のおじいさんが自転車選手だったらしい。会ったことはないんだけど。

――プロだったのですか？

V：いいえ、プロではなかった。父が子供の頃、自転車選手になりたいという夢があって、でもおじいさんが若い時に事故で亡くなったから、父は家業を継がなければならなくなった。だから自転車どころではなくなったけど、やりたい気持ちは残っていて、それが私にまで伝わったんだね。

――ヴェラーティさんはミラノご出身ですが、あのあたりは自転車が盛んですよね？

V：走っている人も多いしね。イタリアでたぶん一番盛んなんじゃないかな。

――レースにはどんな形で参加されていたんですか？　地元のクラブに所属するとか？

V：絶対チームに入らないとダメ。なぜならレースに出るにはライセンスが必要になります。事前に病院で健康診断も受けなければいけないし。レースは（体にとって）軽いものじゃないからね。そんなに詳しいチェックではなかったけど。それでOKが出たらチームが申請手続きをしてくれて、ライセンス・カードが手に入ります。それがないと走れないんです。勝手に行って「私、今日このレースに出ます」っていうのはできない。チームに入って、年齢別カテゴリーのレベルをクリアしていって、最終的に実力のある人はプロになる。言い換えれば、このルートに乗らないとプロにはなれない。

――普段の練習はチームで？　それとも一人で？

V：基本は一人でしたね。普段は学校があったし。私の行っていた学校は終わりが遅かったから、練習の時間を取るのが難しかった。でも夏休みにはみんなと一緒に練習。イタリアの夏休みは長

いしね。楽しい練習♪

――厳しくなかったんですか？

Ｖ：いや、楽しいところと厳しいところ、両方あったね（笑）。厳しいのは水曜。

――そういう練習のサイクルがあるんですね。

Ｖ：そう、月曜が軽く、水曜が重く、金曜が中ぐらい。そして、日曜がレース。毎週レース。

――毎週ですか?!

Ｖ：そう、毎週レース。三月か四月から一〇月まで。

――プロと変わりないですね。

Ｖ：プロはもっと！　一週間に二回くらいレースやってるし。まったく世界が違う。十三歳で始めて、十八歳でやめたけど、十八がリミットだね。

――それはプロになるかどうかの？

Ｖ：いや、その前に「自転車をちゃんとやるかどうか」の。プロになるかどうかはまた別。

――ちゃんとやる、というと、フルタイムのレーサーになるということでしょうか？

Ｖ：そう、ほとんどプロに近いものになるけど。（自転車かそれ以外か）どっちに軸足を置くか、将来のことを考えて決めないと、どっちも中途半端になってしまう。たいていやめるのも、この頃。

――ほとんどの人はそこであきらめるんですね。

Ｖ：あきらめちゃう人が多いですね。それか、超いいかげんでやっちゃうか（笑）。

――なるほど（笑）。

V：勉強もいいかげんで、仕事もいいかげんで、自転車もいいかげん（笑）。あと、もう一つの問題は、自転車は厳しい世界で、遊びが許されないから、それがたぶん（自転車をやめる）一番大きい理由。日曜はレースで遊びに行けないし、土曜もレースを翌日に控えているから遊びに行けないし。レース出たら、もう疲れ果てて遊びに行けないし。女の子と付き合うこともなかなかできない（笑）。厳しいよね、若い時に。周りの友達が楽しんでいるのをはたで見ながら、自分だけ一所懸命走って（笑）。その点ではサッカーより厳しいかもね。

――その頃の仲間で、のちに有名になった人はいますか？

V：いてますね。でも、プロになった人は私の周りでは少ないですね、四人か五人くらい。

――そういう人たちはチームの中でも強かった？

V：強かったですねぇ。中でも超有名なのはジャンニ・ブーニョ。

――ブーニョと同じチームだったんですか?!

V：カテゴリーが違ったけどね。彼は私より、二つか三つ若かったから。（注：イタリアでは十代の間は二歳刻みでカテゴリーが分けられている）。あと、同じチームではなかったけど、一緒によく走ったのはギド・ボンテンピ。彼はあり得ない人間だったね。わかりやすく言うと、私が普通電車、彼が新幹線（笑）。体もでかかったし、めちゃくちゃパワーがあった。あとは、アドリアーノ・バッフィ。彼は一緒に走っていた頃はそんなに強くなかったけど、プロになってから強くなった。アマチュアで強くても、プロになってから落ちる人、多いですよ。でも逆もあります。アマチュアでそこそこでも、プロになってから結果を出す人も多いですね。アマチュアとプロはまったく違うからね。プロは二百キロ走ってから、そこからさらにどういう走りをするかが大事なところ。アマチュアはせいぜい一三〇〜一五〇キロくらいだからね。そこの差が全然違うし。ブーニョはアマチュアのころからずっと強かった。一年目から強かったですよ。彼はフィジカルが強い。メンタルは微妙なところがあったけど。

——難しい性格ということ？　それともおとなしかったのですか？

V：おとなしかったですね〜。自分の世界を持っていると言えばいいかな。毎週水曜か木曜に集まって、打合せするんですよ。その時もブーニョさんは腕組みして、いつも一人で、あんまり人としゃべらなかったし。（ブーニョの）実家が近所でクリーニング屋さんをやっていたので、私が自転車をやめた後もいろいろ話を聞いていたんだけど、始めはやめたかったみたいですよ。

——あれほど強かったブーニョが?!

V：そう、プロは難しいんですよ、仕事だからね。彼が初めて勝ったレースのことだけど、もともと彼はしゃべりが得意じゃないというのもあって、インタビューで全然しゃべらなかったの。そうしたら、スポンサーから文句が来たらしいよ。「お前は勝っても負けても一緒や！」って（笑）。

——そんなことまで言われるんですか！

V：厳しいよ（笑）。ただ勝てばいいというもんじゃないしね。単に強い弱いの世界ではないんです。

――自転車はチーム・プレーだから、コミュニケーションの問題って大きいと思うんですけど、ブーニョはその点では問題はなかったのでしょうかね？

V：結果的には、あれだけの成績を残したということは、うまくいったんでしょう。でも、彼本来の力からしたら（勝ち星は）少なすぎる。フィジカル面は素晴らしかったけど、メンタル面がうまくいってなかったんだろうね、チャンピオンとしての。

――たとえばランス・アームストロングが持っていたようなメンタリティがブーニョには欠けていた？

V：そう、マッチョじゃないと厳しいですよね。デリケートであることは絶対プラスにならない。あんまりあれこれ考えすぎたらダメ。私も考えすぎるタイプだから……なんとなくわかりますね。

――ヴェラーティさんは山岳か平地か、どちらが得意でしたか？

V：どっちもやね、混ざっている方が好きだったかな。でも、スプリントが弱かった。弱かったというか、練習の時は強かったんだけど、レースの時は全然ダメ。

――レースの時のスプリントはやっぱり怖かった？

V：怖いよ!!　もう、ありえないくらい怖いですよ。

――ケガをされたことはありましたか？

V：何回も病院に行ったことありますけどね。やっぱり危険ですよ。私が初めて買った自転車はビアンキだったんですけど、それも大事故で壊してしまったんですよね。泣きましたよ～。

――それほどの大事故なら、その時もケガを？

V：いや、その時は幸いケガはなかったんです。倒れて折り重なった人の山に、最後に乗り上げたから（笑）。私の現役最後のレースもその事故の時と同じコースであって、同じ場所で同じような事故が起きていました（笑）。

――憧れの選手はいましたか？

V：エディ・メルクス。ビョーキでしたよ（笑）。

――イタリア人じゃないんですけど？

V：メルクスはイタリアにたくさんファンを持っていたんですよ、イタリア人じゃないけど、もう関係ないレベル。イタリアのチームでずっと走っていたし、イタリア語もしゃべったし。本当に素晴らしい選手だったね。

――実際に彼の走りを見られましたか？

V：もちろん見たことあるし、しゃべったこともありますよ。初めて見たときは、もう心臓が飛び出そうだった（笑）。初めて見たのはジロのタイムトライアルで、ちょうど家の近くでレースがあって見に行ったんです。忘れられないですねぇ。二年前にイタリアに帰った時に、昔メルクスのアシストをしていたという人に会って、メルクスのことを聞いたんだけど、ひと言「ありえない」と（笑）。彼は自分で「このレースで勝つ」と思ったら、必ず勝っていた。一五〇〇ものレースを走って、五百回以上勝ったんだから。三回に一回勝った計算だよね、ほんとありえない（笑）。そもそも普通のレベルのレースじゃないんだからね。

――そうですよね、ツールとかジロとか！

V：ミラノ・サンレモとか、パリ・ルーベとか。今だったら一回勝てば十分なものばかり。ただ、当時は今ほど周りも含めて全員が一所懸命やっていたわけじゃないし。もちろん、昔もみんなまじめにやっていたわけだけど、今はみんなちょっとやりすぎですね。誰もがダイエットしているし、薬も飲んでいるし、良いものも悪いものも含めてね。常に（自己）コントロールしているよね。今は全体にレベルが高すぎて、均されてしまって面白くないよね。見る方にとっては、ね。

——サスペンスがないんですよね。

V：そう、なんか人間味がなくなっているんですよね。昔は良い意味での「適当さ」があって、それが良かったんやね。例えば、昔のジロではボトルの中にワイン入れて走っている選手がいたんですよ。なんでかと言うと、食後の消化のためにいつもポケットにワイン入れているんだって。ありえないでしょ（笑）。

——人間らしさということですと、選手もそうですが、自転車本体も人間味がなくなっていますよね。

V：全てがそうやね。かつては人間がインスピレーションとか経験とかアイデアとか、そういったもので自転車を作っていましたよね。それが今はコンピューター。細かいところまでチェックして管理して。つまり「人間」が消えてるんよ！　モノは完璧になっているんだけど、人間らしさは減ってるよね。完璧さは機械的なもの。だから、面白くないよね。

——人間自体が、そもそも完璧なものではないわけですし。

V：そうです。完璧なところを目指す気持ちはわかる。けど、少し手前くらいの方が、人間にとっては幸せじゃないかな。

――昔の自転車を集めておられるのも、その頃の自転車に人間らしさを感じておられるから？

V：そうですね。もちろん今の自転車と比べると、ようわからんところがいっぱいある（笑）。でも雰囲気はやっぱり違うよね。

――私自身は昔の自転車をもちろんリアルタイムでは見ていないわけですが、ノスタルジーからではなく、純粋に美しいと感じられる。それは何によるものなんでしょうね？

V：昔の自転車というのは、人間が自転車に乗って、総体で美しく見える。要は生身の人間と違和感がないんです。今の自転車は、ごついヘルメットかぶってサングラスして派手なウェア来てないと違和感がある。だんだん「機械」から「マシーン」になってるよね。

――人間もサイボーグみたいに。

V：そう。一方で人間そのものはだんだん弱く

オリジナルフレームを手にするヴェラーティさん、著者撮影

なっている！　建築もそう。インパクトばっかり求めている。今は、インパクトがないとダメな時代だから。でも残念だけど、インパクトばかり求めたものっていうのは、流行りもので終わっちゃうの。なんでもそう、インパクトあるものは「ドキッ」とするけど、すぐに過ぎ去ってしまう。心に残りにくいんですよね。古いものは何かしら美しさを持っているよね。新品では持ちえない、「時間の流れ」が作る美しさというものを。

――イタリアは日本と比べて古いものを大切しますよね。特に街並みとか建築とか。

V：その点は国が管理しないと、個人では難しいよね。イタリアでもきちんと残っているのは、個人の意識もあるけど、やはり法律によるところが大きいですね。イタリアはすごい厳しいですよ。あと、最近どうなっているかわからないけど、イタリアでは「生まれた町＝死ぬ町」。日本の場合はほとんどそれがないよね。京都で生まれて、学校は東京、仕事は名古屋、ぐちゃぐちゃでしょ（笑）。だから、自分が今住んでいる街を大事にしようという気持ちがなかなか起こらない。

――う～ん、耳が痛いですね（笑）。

V：日本は何事も経済中心にしすぎ。文化は金にならないという認識が強すぎるよね。けど、実際にはそうではないはず。短いスパンで見たら確かに難しいけど、でも日本でも長いスパンで文化を大切にしている街は強いですよね、京都とか。大阪は全然ダメです。

――日ごろ、日本で自転車に乗られていて、イタリアと日本との違いは、どういったところに感じられますか？

V：日本では当たり前のように逆走していますよね（笑）。でも、結果的に言えば、日本の方がまだ安全。イタリアの方が、重大事故が多いんです。車がスピード出してるからね。イタリアの方が走りやすいことは確かだけど、トラブルが起こった時には、イタリアの方が重たいトラブルになるね。日本はごちゃごちゃしてるけど、結果的には安全かもしれない。車さえ気を付ければ。車は動きが読みやすいからね、今から左とか、今からブレーキ踏むとか。歩いている人や自転車よりよほど読みやすいよ。そういう意味では、歩道を自転車で走るのは危ないよね。あと、日本では立場的に車が強くて自転車が弱いけど、イタリアはそうじゃない。法的に対等。だから車のドライバーは、自転車にぶつかった時に大変なことになるという認識が、イタリアではないんだよね。私がイタリアで走っていた頃も、何度も車とぶつかったけど、逆に車からどなられたことも何度もあったしね。

――こっちが血を流しているというのに！

V：そうそう（笑）。でも、やっぱり景色は違うよね～。それがさみしいね（笑）。

――ミラノに住んでいた頃は、どちらに走りに行かれていたんですか？

V：一番よく行ったのはコモ湖。練習でよく行きましたね。イタリアは町から少し離れたら、すごくきれいですよ。コモ湖やマッジョーレ湖、そのあたりに一番よく行きましたよ。

――日本でレースに出られたことは？

V：出ましたよ。

――いかがでした？

V：面白くなかった……。一年間だけレースに出たけど、仕事との両立の問題もあったし。レースでは、周りの人は自転車レースのことや文化をよくわかってない感じだったね。まずもってレースの流れをわかっていない。でもしかたないよ、それは。だって、例えば逆にイタリア人が相撲やっても、イタリア人がちゃんと理解して出来るわけないでしょう（笑）。時間がかかりますよ、そこは。歴史が全然違うし。本で勉強できることだけではないから。でも、最近はヨーロッパに行って活躍している日本人選手も増えてきているから、これから変わっていくでしょうね。それと、今はレースには出たくないですねぇ。きついことがわかっているから。レースに出て走り始めたら、どうしても追い込んでしまうし。自分にとってレースとはそういうもの。楽しめるものではないね。強かったら楽しいんだけど、ストレスたまるよね、逆に。今はタバコも吸うし、お酒も飲むし、仕事は遅くまでやってるし（笑）。毎日、通勤で自転車には乗っているけど、レースのことは考えない。私にとって、レースは勝つために出るもの。だから楽しいものというイメージはあまりないね。サイクリングは楽しいけどね。もうスピードは求めない。

――いろんな楽しみ方があるのも、自転車の良さですよね。

V：そうですよね。車体のことに話を戻すと、今のものはスピードを求めたかたち。だから固いし、軽量化のことばかり考えている。スピードが出ないとかっこ悪い、そんな形のものばっかりやしね。うーん、なんというか、やさしくないよね。

――オリジナルフレームはご自身でデザインされたのですか？

V：そうです。そして、製作は日本のビルダーです。デザイナーとしては、自転車のデザインは結構大変でしたよ。フレーム単体できれいでもダメで、組み立てて、そして人が乗って美しくなければ。

——ヴェラーティさんのこだわりのポイントは？

V：まずは、かつての七〇年代、八〇年代の自転車が持つ美しさを現代に引き出したかった。形はクラシックだけど、今の時代のことも考えながらデザインしました。

——こちらはフルオーダーですか？

V：そう、フルオーダー。私がイタリアで乗っていた頃も、自転車はビルダーのところに行って、いろいろ話しながら買うものでしたし。でもビッグブランドは並んでいましたけどね。ビアンキとかボッテッキアとか。要は、ママチャリからロードバイクまで作っているスーパービッグブランドしか店頭には並んでいなかったんですよ。でも、レース出るような人はそういうものは買わなかった。レースに出るような人は、ちゃんとビルダーのところに行って注文する。レーサーにとっての自転車は自分の体に合わせるもので、既製品ではダメ。私としては小規模ながらも、そんな伝統を残していきたいという思いがあります。

9　カンパニョーロ

ヴェネト州は、アドリア海の宝石ヴェネツィアを筆頭に、ヴェローナ、トレヴィーゾ、パドヴァなど、規模こそ大きくないものの、粒よりな町の宝庫である。それは州のほぼ中央に位置するヴィツェンツァも同様で、ルネサンス期の優れた建築家アンドレーア・パッラーディオが手がけた美しい建築が立ち並ぶ、瀟洒な町として知られる。

歴史上初めての専業建築家と云われるパッラーディオはルネサンス期にヴィツェンツァを中心に活躍した建築家で、彼の遺した数々のヴィッラはユネスコの世界遺産に登録されている。

ヴィツェンツァという地名は、紀元前二世紀に古代ローマがガリア人からこの町を奪い、「勝利」を意味するVicetiaと名づけたことに由来する。

この町の金物屋に一九〇一年、一人の少年が誕生した。彼の名はトゥーリオ・カンパニョーロ。後の自転車パーツの一大ブランド「カンパニョーロ社」の創業者である。

トゥーリオが生まれた二十世紀初頭には、一九〇三年ツール・ド・フランス、一九〇九年ジロ・ディ・イタリアと、今に続くビッグレースが続々と開幕した。自転車競技の草創期に生まれ育ったトゥーリオは、「自転車競技とともに育ち」、さらには「自転車競技を育てた」男と言える。彼が開発した数々の自転車パーツはレーサーたちにとって〝なくてはならないもの〟として、その走りを大いに助け、のちに歴史に残る銘品となった。そのことは、彼の葬儀でエディ・メルクスが捧げた弔事の中に簡潔に力強く語られている。「あなたは、我々レーサーよりいち早く我々の苦難を知り、助けて下さいました」

自転車パーツとは、変速ギアやブレーキなど「自転車を駆動・制御」する部品の総称だが、このパーツの良否――ギアがスムーズに入れ替わるか、ブレーキはきちんと効くか、軽量か、こわれにくいか等々――がフレーム以上に走りに影響するということもあり、その開発競争は過去にも現在においても熾烈《しれつ》だ。

フレーム本体は世界中のあちらこちらに数多くのメーカーがあるのに対し、自転車の肝となるパーツが超寡占状態であるのは、開発力とそのための企業体力がかなり求められるところが大きいためだろう。過去には様々なメーカーが存在したものの、現在はイタリアのカンパニョーロ、日本のシマノ、アメリカのスラム、めぼしいところは以上たったの三社のみ。最後に挙げたスラムは近年伸びてきた企業で、二十一世紀の初め頃までは実質カンパニョーロとシマノの一騎打ち状態であった。

自動車の場合、トヨタの車にはトヨタのエンジン、フェラーリにはフェラーリのエンジンというのが当たり前といえば当たり前で、自転車の場合にはなぜそうではないのか？　例えば、ビアンキやコルナゴなどのフレームメーカーはなぜ自前のパーツを開発しなかったのか？　逆に、カ

トゥーリオ・カンパニョーロ

ンパニョーロやシマノはなぜ自前のフレームを販売しなかったのか？　そのへんの理由は今となっては謎だが、分業化が進み、すみ分けされているのが自転車の世界である。

トゥーリオ・カンパニョーロに話を戻そう。一九二七年一一月、ドロミテ山塊をまわる自転車レースに参戦していたトゥーリオは順調にペダルを回していた。ところが、峠を越えて、さぁ下りに入ろうかという時に、当時は自転車のギアを変えるのに車輪をいったんはずしてひっくり返さなければならなかったのだが、折からの寒さで手がかじかんで、車輪の留め具が全然回らず手こずるばかり。そうこうするうちに、後続のライバルたちに次々と追い抜かれ、頭にきたトゥーリオは「後輪をなんとかせねば！」と叫んだ、と物の本には書かれている。ただ、実際にはここには書けない英語で言うところのいわゆる四文字言葉がまっさきに口から出てきたにちがいない（?!）

自転車乗りなら誰しも、チェーンが落ちた、ギアがきちんと変わらない、パンク修理時にタイヤがなかなかはずれなかったり、逆にはまらなかったりという、諸々のトラブルに脳ミソの血管が大膨張したことがあるだろう。でも、そんなトラブルの後に何かするかといえば、せいぜい汚れを落としたり、ネジを締め直したりするのが関の山。あるいは店やメーカーに文句を言うという人も中にはいるだろうか。ところがトゥーリオは違った。金物屋のせがれで手先が器用ということもあっただろうが、自らの手でなんとかしてしまうところがすごい。まずはドロミテでの苦い経験を教訓に、ワン・アクションで簡単に取りはずしのできる車輪の留め具（クイックレリース）を開発。これで好評を得たトゥーリオは、さらに当時は不便極まりなかった変速ギアの開発に着手した。

前述のとおり、当時の自転車ではギアを変えるのに車輪をはずしてひっくり返さなければならなかった。具体的には、後輪の中心軸（ハブ）の両側にそれぞれ軽いギア・重いギアが取り付けられていて、例えば峠を登り切ってこれから下りに入ろうという時には、いったん車輪をはずして左右をひっくり返し、重い方のギアに入れ替える、という手順になっていた。今こうして書いているだけでも面倒極まりないと思うが、実際にやるとなると面倒の度合いはその比ではなかっただろう。当時の自転車乗りたちはそんな苦労をしながら、未舗装の劣悪な道を走り回っていたのである。

トゥーリオが開発に着手する頃には、すでにいくつかのメーカーが車輪をいちいち入れ替えずに変速ができるシステムを出していた。ただ、先行メーカーのギアもカンパニョーロが第一弾としてリリースしたカンビオ・コルサと呼ばれるギアも、ペダルを逆転させ、つまりその動作のあいだは後輪を空回りにした状態で、ギアチェンジしなければならないものだった。また、変速操作のレバーが後輪近くに取り付けられているため、かなり無理な体勢を強いられた。いずれにせよ、第二次大戦後しばらくの間まで、変速というのは一大作業であり、下手をすればこの成否がレースのゆくえを左右しかねないほど厄介なものだった。

一九五一年には現在の変速機のデファクト・スタンダードともいえる形式の変速機をリリース。この時はまさにファウスト・コッピの全盛期。コッピをサポートしていたカンパニョーロは、その新作変速機「グラン・スポルト」を導入して、コッピのツール＆ジロ制覇に大きく貢献した。

その後もしばらくはフランスメーカーとのつばぜり合いは続くものの、カンパニョーロが圧倒的に市場を制したのは、六〇年代からエディ・メルクスのサプライヤーとなったことが大きい。彼ののち、世界最大の自転車レースであるツール・ド・フランスを制したパーツメーカーは一九九九年まで三〇年あまりに渡り、カンパニョーロ一色に染められてきたのである。

コッピ、メルクスと、二人の偉大なチャンピオンをサポートしたことでカンパニョーロは今日の名声を確立したと言えよう。ふたりとも機材に対する要求もたいへん厳しく、彼らの要求に応え、さらにはそれを超える性能を提供してきたことがカンパニョーロのすごさである。

最後に、イタリアの産業としての自転車パーツに目を向けてみたい。日本では一般にイタリアの名産というと、靴や服飾品などのファッション分野、あるいはワインやパスタなどの食品類が人気が高い。百貨店のイタリア展などでも、これらを求める人たちでひっきりなしだ。ところがイタリア全体における輸出品目を見てみると、機械・設備機器類がトップ、次いで金属・金属製品となっており、この二つで全体の約三割を占めている。イタリアは、我々のイメージ以上に技術工業国なのである。

10　ツール初代王者はイタリア人？

二〇二三年で一一〇回目を数えるツール・ド・フランス。これまでの総合優勝者のリストに名を連ねるのは六四人になる。なぜ一〇九人ではないのかというと、一人で何回も総合優勝をかっさらった選手が何人かいるためである。

六四人のうちイタリア人は七人。もっと多いものかと思っていたが、意外と少ない。一九二〇年代にオッタヴィオ・ボッテッキア、一九三〇〜四〇年代にジーノ・バルタリ、続いてファウスト・コッピ。これら三名はいずれも複数回の優勝を誇る。一九六〇年代にはガストーネ・ネンチーニ、フェリーチェ・ジモンディ。近年では一九九八年マルコ・パンターニ、そして二〇一四年ヴィンチェンツォ・ニバリ、以上七人である。ところが実際にはもう一人、〝元〟イタリア人が総合優勝リストに名を連ねている。その男の名はモーリス・ガラン。ツール・ド・フランスの初代チャンピオンである。

ガランは一八七一年、イタリアの西北端に位置するヴァッレ・ダオスタ州アルヴィエの生まれ。このあたりはアルプス山麓ののどかなエリアである。フランスと国境を接していることもあり、

第１回ツールの様子

文化的・言語的にはフランスのそれにきわめて近い。アルヴィエ（Arvier）という地名からしてつづりや響きがフランス的だ。統計を見るとここアルヴィエはガランの生まれた一八七〇年ごろをピークに人口が減少しており、ことに二十世紀初頭には一気に二割あまりも人口が減っている。当のガラン一家も一八八五年にはアルプスをはさんだフランス側に移り住み、さらにはフランス国内のベルギー国境に近いエリアにまで生活の拠点を移したこともある。いずれもより良い生活を求めてということで、山間の生活はのどかとはいえ、やはり生計を立てるには厳しいものがあったのだろう。フランス各地を転々としていた一八九二年、一説には一九〇一年という説もあるが、ガラン二十一歳の年にフランス国籍を取得した。

映画『ゴッド・ファーザー』シリーズでマーロン・ブランド演じるところのヴィート・コルレオーネがシチリアからアメリカに移住したのも一九〇一年という設定になっており、十九世紀末～二十世紀初頭というのは移民の時代でもあった。日本からハワイやブラジルに移民が海を渡ったのも同時代の話である。（注：移住時点は幼少期だったので、もちろんブランド自身は移住シーンを演じていないが）

フランスに移り住んだガランは、煙突掃除人として生計を立てた。同じころ自転車を購入し、はじめのうちはレースに出ることはなかったものの、街中をグルグル走り回って、近所の住人から「どうかしちゃってるのでは?!」と奇異の目で見られるほど、自転車に熱中していた。身長一六三センチと当時としても小柄なガランだったが、持ち前の持久力でメキメキ実力をつけていった。

この頃のガランにこんな逸話がある。当時まだアマチュアだったガラン。とあるレースに参加すべく行ってみると、プロ限定のレースだった。出場選手たちがスタートして、あとから出発したガランは前を行くプロたちを追い抜いて優勝してしまったのである。しかしながら、ガランがプロでないことを理由に優勝賞金を出し渋る主催者に対して、観客たちは「ガランこそ真の勝者！」と大ブーイング。そんな騒動もあってガランは正式にプロ登録することにしたのであった。

フランスのレースで活躍していたガランに、いよいよ檜舞台が用意された。ツール・ド・フランスの開幕である。一九〇三年七月一日、パリ南郊のモンジュロンを出発して、リヨン、マルセイユ、ボルドーと、ぐるっとフランスをまわり、そして再びパリへと戻る全行程二四二八キロに渡るレースだった。ガランは二位に約三時間もの大差をつけて、みごと優勝を飾った。

この時のツールでは一日の行程は短いもので二六八キロ、長いものとなると四六七キロにもおよぶもので、夕方スタートして翌日ゴールするという長丁場だった。夜間の走行は危険極まりないものであり、その危険をさらに増大させるものとして「熱狂的すぎるサポーター」の存在があった。このサポーターたち、ただ単にひいき選手を応援するだけではなく、ライバル選手の走行を邪魔すべく石を投げつけたり道に釘をバラまいたり、もう無法状態といっていい有様。黎明期の自転車レースは文字通りサバイバルだったのである。

栄えあるツール初代優勝者に名を遺したガランは、翌年のツールにも出場し、これまた当然のごとく二年続けて優勝を飾った。

ところが、これにはとんでもない後日譚がつく。ツール終了から四か月もたった十一月のこと。フランス自転車連盟はガランを含む十一人の選手を、不正行為をはたらいたかどで失格とし、ガランは総合優勝の栄誉も剥奪されてしまったのである。不正行為とはこうである。夜陰に乗じてコースをショートカットしたり、途中で電車に乗り込んでまたゴール近くで自転車に乗り換えたり、伴走車につかまって曳いてもらったりしていたのである。

偶然にも、同じく一九〇四年に行われた第三回オリンピックの男子マラソンでも同じような事件が起きた。炎天下で倒れ救急車に収容された選手が、途中で故障のため停まった救急車から飛び降りて再度

モーリス・ガラン（中央右）

コースを走り出し、なんとトップでゴールイン。表彰式でしゃあしゃあと金メダルを受け取ろうとしていたまさにその時に不正を暴露され、競技から永久追放されるという珍事件があった。ガランをかばうわけではないが、今からして見ればいずれもなんとも「のどかな」時代の風景だ。ガランは二年間の出場停止処分となったが、すでに三十三歳のガランにとって二年間のブランクは大きいものであり、実質これが彼の引退となった。ガランはツール初代王者に加え、ツール初代失格者としても不名誉な名を遺したのだった。

さて、主催者もこの一件でツールの評判悪化を憂慮し、一時は存続すら危ぶまれた。事実、主催者はいったん「ツール終結」の声明を出したほどだった。

ネックとなったのは夜間の走行だ。当時は他のレースでも長距離の夜間走行が多く取り入れられていた。ひとつには、これがレースにおいて選手間の差をつけ、ひいてはレースを盛り上げる要素と考えられていたのである。

距離で差がつけられなければ何で差をつけるか。検討の末、取り入れられたのが山岳コースだった。翌一九〇五年、アルザス地方のバロン・ダルザス（標高一一七八メートル）という山がコースに組み込まれ、以降、山岳コースがツールをはじめとする自転車レースにはなくてはならないものとなったのである。言うなればガランたちの不正行為がレースを盛り上げる最大の「山場」を生み出したというわけだ。

11　消されたレーサー

イタリアの最東北部に位置するフリウリ＝ヴェネツィア・ジュリア州は、大阪でいえば西中島南方や四天王寺前夕陽ヶ丘などと同じように、あちこちの地名がツギハギにつなぎ合わされて、政治的背景の複雑さがその名称に現れている。ヴェネツィアという名称が含まれてはいるものの、かの海上都市ヴェネツィアはヴェネト州にあり、このフリウリ＝ヴェネツィア・ジュリア州の中にあるわけではない。

この地の領土問題が最終的な決着を見たのは一九七五年。たかだか半世紀ほど前の時代の話である。十九世紀なかばのイタリア統一以来、オーストリア・ハンガリー帝国やユーゴスラビアとの領土問題に揺れに揺れたこの地は、自転車競技の歴史においても、暗い一幕の舞台となった。

一人の有力な自転車レーサーが、州中央部の路上で、なんと頭がい骨骨折、意識不明の重体で発見され、そのまま意識が戻ることなく亡くなるという事件が起きたのである。

オッタヴィオ・ボッテッキアは一九二〇年代に活躍したイタリア人レーサー。二四年、二五年にはツール・ド・フランスを連覇し、イタリア人として初めてツール総合優勝者リストに名をつらねた。

一八九四年に貧しい農家の九人兄弟の八男坊として生まれた彼は、日本語で言えば「八郎」に当たる「オッタヴィオ（オットottoはイタリア語で八の意）」と名付けられた。言い方は悪いがぞんざいな名づけなわけで、両親としても、もはやそれほど望んでいなかった子どもだったのだろう。そんなボッテッキアは、家計を支えるために学校もろくに通わず、早々にレンガ職人の道を歩んでいた。


第一次大戦に機関銃士兵として従軍したボッテッキアが、自転車レーサーとしてデビューしたのは二十六歳の頃のこと。当時としても遅咲きのスタートだった。非常に熱心なレーサーだったボッテッキアは、フランスの強豪選手アンリ・ペリシエに見出され、フランスのチーム「オート・モト」に加入。結果的にはフランスチームへの加入が、自身の後々の評価にとってはマイナスとなったのであるが。

オート・モト加入後の一九二三年には、まずジロで五位。続くツールで二位に入る。翌二四年

オッタヴィオ・ボッテッキア（中央）

にはツール総合優勝を果たした。さらに二五年にはツールで四つのステージを制して、またもや総合優勝。イタリア人として初のツール連覇を果たしたのである。

ただ自国意識の高いイタリア人からしてみれば、フランスのチームでフランスのレースにばかり注力するボッテッキアは、あまり快く思えない存在であった。

一九二〇年代はイタリアにおいてファシズムが台頭しつつある時代であり、国家全体主義を標榜するファシスト党からしてみたら、ボッテッキアのような男は自国に対する忠誠心が少ない人物とみなされていた。さらにはボッテッキア自身、反ファシズムの社会主義者でもあった。

当時、ファシズムはまさに飛ぶ鳥を落とす勢いで、イタリア国内でその地歩を固めつつあった。当初は第一次大戦に従軍した在郷軍人たちの身分保障を目的として立ち上がったファシズムは、反体制・反制度・反政党を標榜するなど、既存体制・既得権益に対するアンチ・テーゼとして活動を始め、ときには暴力的な直接行動に走り、その勢力を拡大していった。

この前後のできごとを、年をおって整理してみよう。

一九一四年　第一次世界大戦始まる、ただしイタリアは枢軸側の独墺と同盟関係にあったため当初中立の立場をとっていた

一九一五年　イタリア、連合国（英仏等）として参戦

一九一八年　第一次世界大戦終わる

一九一九年　「戦士のファッショ（のちのファシスト党）」結成
一九二二年　ムッソリーニ首相任命、のちに国会において全権委任を獲得
一九二五年　ファシズム独裁宣言、国家至上主義宣言
一九二六年　秘密警察の設置

ファシズムがここまで力を得た背景には、イタリア統一から第一次大戦に至るまで、駆け足で先進国化を進めたことによるひずみが国のあちらこちらにあらわれて、そこかしこでうずまく不平不満の空気が、あたかも部屋の中のこまかいチリがたまりにたまってボール大のかたまりになるように、ファシズムの誕生と成長を後押ししていった。

政治とスポーツの関係は、いつの時代・いずこの国でも、多かれ少なかれ見られるものだ。どこの国でもスポーツは愛国心の希求に利用される。もちろんファシズムも大いにその点は承知し

ツールを走るボッテッキア

ており、むしろイタリア・ファシズムやドイツ・ナチスがその先駆けとも言えるだろう。兵士を究極とする従順な服従する肉体を生み出す場として、スポーツは大いに奨励された。なによりムッソリーニ自身ランニング姿をアピールしたりして、「イタリアでもっともスポーティな男」の称号を得ていた。若々しさ・力強さ・男らしさが、ファシズム時代の底に流れる通奏低音であり、ボクシングやサッカーなどマッチョなスポーツが推奨された。

では、自転車競技はどうだったか。実はこの時代、自転車競技はどちらかといえば冷遇されていたのである。派手さがなく苦行のような自転車競技は、ファシズムのプロパガンダには役立たないものとみなされていた。ところが一方で、バルタリがツールに出場した際には、ムッソリーニから「絶対に勝て」という至上命令が下りたりして、トップのきまぐれによって都合のいい時だけ利用され、そうでない時はかえりみられないという、自転車競技にとってはなんとも不遇な時代だった。バルタリの活躍した一九三〇年代後半以降にはファシストの権威も徐々に落ちてきたこともあり、バルタリがユダヤ人の亡命を助けたりした、こういった戦時中の反ファシズム的活動は戦後になって大いにたたえられるようになった。

一方で、まだそこまで時代が下る前、ファシズムが上り調子の時代に反ファシズムを標榜していたことは、時代の流れとはいえ、ボッテッキアにとって不運なことだった。

一九二七年六月三日、冒頭で述べたように、フリウリ＝ヴェネツィア・ジュリア州の農道で、頭がい骨骨折で意識を失ったボッテッキアが発見された。病院に運ばれたものの、二度と意識を取り戻すことなく、十二日後の六月十五日、三十二年の短い生涯を閉じた。

死因については諸説あり。ファシストによる暗殺説、畑のブドウを勝手に取ろうとしていたら農夫が石を投げつけて当たりどころが悪かったという過失事故説、家族が多額の保険金をかけていたという謀殺説。


——いつもうす汚れたジャージを着ていたボッテッキア。

——とんがって広がった耳から、フランス人たちに「チョウチョ」と揶揄されたボッテッキア。

——フランスチームに所属していながら、しゃべれるフランス語といえば「バナナいらない、コーヒーたくさん、ありがと」くらいだったボッテッキア。

——不遜ながら、どこか悲しげな眼をしたボッテッキア。


時代に冷遇された彼について、残された記録は、その実力・実績からすれば少ない。生命だけでなく、歴史的にも消された感がある。そんなボッテッキアになぜか惹かれ、もっと彼について知りたいと思う。

12　パイオニアたちの時代

こんにち自転車界でカンピオニッシモ（最上級のチャンピオン）といえば、一九四〇～五〇年代に活躍したファウスト・コッピを指すが、実はコッピは三代目のカンピオニッシモである。すなわち、コッピの前に二人のカンピオニッシモがいる。初代はコスタンテ・ジラルデンゴ、二代目はアルフレード・ビンダ。いずれも一九一〇～三〇年代に活躍した、いうなれば神話の時代の男たちだ。前章のボッテッキアも時代的には重なるが、片やボッテッキアがフランスのチームに所属してフランスのレースを中心に活躍したのに対し、ジラルデンゴやビンダは母国のチームに所属し、ジロ・ディ・イタリアをはじめ、ミラノ～サンレモ、ジロ・ディ・ロンバルディアといったイタリアのメジャー・レースで数々の輝かしい戦績を残したこともあり、イタリアでは伝説的存在となっている。さらに、二人とも引退後は監督あるいはコーチとして後進を指導しチームをまとめ、イタリアにおける自転車競技の発展に大いに貢献した。特にビンダは監督としてバルタリ、コッピという二人の強烈な個性をとりまとめ、彼らを勝利に導いていったのである。

ジラルデンゴの方がビンダより九歳年長で、一八九三年ピエモンテ州南東部のノヴィ・リーグレの生まれ。コッピにとっては同郷の先輩にあたる。十九歳でプロデビューし、早くも翌年にはイタリア選手権で優勝。以後、第一次大戦をはさんで、このレースでは九連覇を成し遂げた。その他に主なところでも、ジロ・ディ・イタリア二回、ミラノ～サンレモ六回、ジロ・ディ・ロンバルディア三回、それ以外にも数えだしたらきりのないほどの勝利を挙げた。非常に息の長い選手で、第一次大戦前の一九一二年にデビューしてから第二次大戦前の一九三六年まで、なんと二〇年以上にわたりプロ生活を送ったのである。第一次大戦中はキャリアが分断されたわけだが、この時期は選手としても登り調子の二十代の半ばだ。コッピやバルタリたちも同様に大戦でキャリアを奪われたわけだが、二十世紀の前半というのはなんと酷な時代だったのだろうと思う。

　ビンダは一九〇二年にロンバルディア州北西部のチッティーリオで生まれ、二十歳でデビュー。ビンダの走りは流麗を極め、肩にコップを乗せて峠を越えても、中の水は一滴たりともこぼれていなかったと言われている。

　ビンダは一九二五年にはジラルデンゴをおさえてジロ初制覇。翌年にはイタリア選手権で、そ

コスタンテ・ジラルデンゴ

れまで九連覇と圧倒的な強さを示していたジラルデンゴの十連覇を阻止。一九二七年から一九二九年までジロ三連覇を達成すると、翌三〇年のジロでは、なんと主催者から「賞金分の金を出すから、レースに出ないでくれ」と懇願されるほどに。主催者としては、誰が勝つかわからないミステリーを求めてということだろうが、一方で王者の走りを見たいというファンも当然多かったであろうから、この措置はいかがなものだろう？　ましてや自国の選手が自国のレースを走るのだから。フランスのレースをアメリカ人が連覇しまくったのとは話が違うと思うのだが。

ただ、それまでの戦績を見ると、この措置もいたしかたないと思えてくる。ビンダの勝利数は二七年には一五区間中一二区間、二八年には一二区間中六区間、二九年には一四区間中八区間と、三年連続で半分以上の区間をおさえてしまい、観客もそうだが、なにより周りの選手たちが戦意喪失してしまって盛り上がりに欠けたというのが実情のようだ。

ビンダはまた、自転車プロロード世界選手権の初代チャンピオン、すなわち初の「世界王者」でもあった。ビンダは一九二七年、三〇年、三二年と三回の優勝を果たし、いまだこの記録を越えるものはない（タイ記録はメルクスを初め他三名）。
　ビンダが初優勝を飾った一九二七年の第一回大会は、ドイツのニュルブルクリンクで行われた。車好きの方ならご存知だろうが、F1グランプリや新車のテストコースとして有名な自動車用サーキット・コースである。ちょうどこの年にオープンし、こけら落としイベントのひとつとして自転車の世界選手権も行われたのである。テストコースに使われるだけあってアップダウンやコーナーなど大変厳しいコースであるが、ここをビンダとジラルデンゴのふたりは変速機なしの自転車で走り、変速機つきの自転車に乗る他の選手たちを置き去りにして見事ワンツー・フィニッシュを決めたのだった。

　ジラルデンゴもビンダも、出身地にからめたニックネームがつけられていた。ジラルデンゴは「ノヴィのやんちゃ野郎」、ビンダは「チッティーリオのラッパ吹き」（※ビンダはオフシーズンにトランペット奏者として働いていた）。ニックネームで呼ばれていたということは、単に強いというだけではなく、人々に心から愛された証といえるだろう。エディ・メルクスの「人喰い鬼」、ベルナール・イノーの「ブルターニュの穴熊」、マルコ・パンターニの「ピラータ（海賊）」、クラウディオ・キアップッチの「ディアーヴォロ（悪魔）」、マリオ・チポッリーニの「スーパー・マリオ」などなど。知らないだけかもしれないが、近年のレーサーで、単なる名前の省略ではなく、愛すべきニックネームがつけられているような選手はいるだろうか。

ジラルデンゴ、ビンダとも非常に優秀な選手だったという他に、たいへん興味深い共通点があった。それは、イタリア人としては珍しく（？）、性に対してストイックだったということだ。ジラルデンゴは、ビッグ・レースの前は奥さんと没交渉だったということだし、ビンダにいたっては、現役中は独身をつらぬき、引退まで結婚をおあずけにしたという。ことに前者の真偽のほどはもちろん余人の知るところではないが、それほどまでにレースに賭けていたということは間違いないだろう。後年ビンダは、若手選手が奥さんをレースに連れてきたりすると苦々しい顔をしていたということだが、個人的にはこんな頑固オヤジたちが大好きだ。

そんなビンダのこと、日常生活もきわめて模範的だった。朝は五時に起床。まずジムで軽く汗を流し、その後ロードトレーニング。食事の栄養バランスにも気を遣い、夜は九時に就寝。レースの時には生卵を飲みながら走ったという。今でいうアミノ酸チャージの先駆けだ。

自転車のおかげか日頃の節制のたまものか、ジラルデンゴもビンダも八十すぎまで長寿を全うしたという。

13　映画の中の自転車

自転車が効果的に使われている映画には、名作が多い。これはなにも、個人的思い入れだけではないと思いたい。

スティーブン・スピルバーグ監督の名作『E・T』。クライマックスの逃走シーンや月をバックに空を駆け上がるシーンを覚えておられる方も多いだろう。想像してほしいのだが、もし少年たちが乗っていたのが自転車ではなくて、車やオートバイあるいは馬だったら、あれほど心惹きつけられるものがあっただろうか。

少年たちのひたむきさ、健気さ、仲間意識、大人たちに対するささやかな反抗。レースで必死にペダルをこぐ選手たちにも同様のことを感じて応援しているのかも。

イタリア映画で自転車と言えば、まず思い浮かべるのは『自転車泥棒』。ネオレアリズモの名作だ。簡単にあらすじを紹介すると、主人公は二年ものあいだ無職状態のお父さん。妻と子一人あり。ようやく見つかった仕事は街頭ポスター貼りの仕事で、就職には自転車を持っていることが条件という。ところが、自転車は生活に困って、質屋に入れてしまっている。窮状を妻に訴えると、妻はさっそく嫁入り道具だった貴重なシーツなどをかき集めて金を工面し、なんとか自転車を請け出すことができた。

初出勤の朝、息子が懸命に父の大切な自転車を磨いている。その様子から息子もその自転車をいかに愛していたかがわかる。

さっそく自転車で出勤し、街中で映画のポスター貼りの作業に取りかかる。ところが、ふとしたすきに虎の子の自転車を盗まれてしまう。あわてて追いかけたものの、相手は自転車、追いつくはずもなく、あっというまに見失ってしまう。

泥棒市を探し回ったり、犯人とおぼしき若者や、その若者と接触した老人を問い詰めたりするが、物的証拠をあげられず、途方に暮れてしまう。

サッカーで盛り上がるスタジアムの外で親子二人してしゃがみこむが、ふと目をやると路上には放置された自転車が……。よからぬことを思いついた父は、息子を先に帰し、自転車を盗って逃走をくわだてる。しかしながら、すぐに盗難に気付いた持ち主や周囲の人間にあっという間に取り囲まれボコボコにされてしまう。そこへ電車に乗りそこねた息子が戻って来て泣きじゃくりながら父の手を取ると、自転車の持ち主もあわれに思ったか無罪放免とする。

生活の糧を失って、がっくりと肩を落とす父。そんな父に寄り添い手を強く握りしめる息子。手をつないで、夕暮れの街を二人連れ立って家路につく。ＦＩＮＥ（エンド）。

ここでささやかな小ネタをひとつ。サッカースタジアムの外でしゃがみこんでいる二人の前を一瞬、時間にして数秒ていどだが、ロードレーサーの一団が通り過ぎるシーンがある。父が自転車を盗もうか逡巡している場面なのだが、展開に直接関係あるようには見えない。サッカーを入れたので、もうひとつの国民的スポーツである自転車競技も入れようという、デ・シーカ監督の配慮と思いたい。なんといっても、この映画が撮られた一九四〇年代後半といえば、イタリア自転車史上最高の二人、バルタリ、コッピの全盛期だったのだから。

時代は下がって一九八九年、『ニュー・シネマ・パラダイス』でも自転車が登場する印象的なシーンがある。

ロシア戦線に送られたきり帰ってこない父を持つシチリアの少年トト。彼の楽しみは村唯一の映画館で映画を観ること。さらには、映画を観るだけでは飽き足らず、映写室にもぐりこんでフィルムをちょろまかしたり、映写技師のアルフレードにちょっかいを出したり。いたずらが過ぎて、アルフレードにつまみ出されることもしばしば。

ある日、教会のアルバイトで山中の墓地での埋葬に付き添ったトト。山道歩きに疲れ果てたところに、自転車に乗って脇を抜かしていくアルフレードを見かける。突如、足をくじいたふりをして、まんまとアルフレードの自転車に乗っけてもらうことに成功。自転車に揺られながら、トトはアルフレードに「友達になろうよ！」と持ちかける。そして、トトを家に送り届けたアルフレードは、そこで彼の家庭のつらい実情——父親がロシアから帰還していないことや、それゆえ非常に貧しい境遇であること——を知り、これまでにもまして目にかけてやるようになる。

『ニュー・シネマ・パラダイス』は過去の映画へのオマージュでもあるので、ロシア戦線といえば、マルチェロ・マストロヤンニとソフィア・ローレンの黄金コンビによる名作『ひまわり』が思い起こされる。まず生きては帰ってこられないであろう父。たとえ生き永らえていたとしても、幸せな再会はもう望めないのかもしれない。

『ニュー・シネマ・パラダイス』でアルフレード役を演じたフィリップ・ノワレはフランス人だが、イタリア映画に欠かせない存在だ。彼の名演が光るもうひとつの作品が『イル・ポスティーノ』。ナポリ沖の小島に住むしがない青年マリオが、ノワレ演じるところの亡命詩人パブロ・ネルーダと出会い、文学や人生に目覚めていく物語だ。

主人公のマリオを演じたマッシモ・トロイージは、実はこの映画の撮影時に心臓病を患っていたにもかかわらず、監督・脚本もこなし、さらには演技の中で島内のきつい坂道を重い郵便物を抱えて自転車で何度も登っている。そんな無理がたたったか、トロイージは撮影終了から十二時間後に映画の完成を見届けることなく亡くなってしまう。四十一歳の若さであった。

続いてはロベルト・ベニーニ不朽の名作『ライフ・イズ・ビューティフル』。幸せな家庭が時代の波にのまれ翻弄されていく。その中で必死に妻と子を守ろうとする主人公グイド。最後は一応ハッピーエンドではあるものの、二度と帰ってこないグイドのことを思うと、やはりいたたまれない気持ちにさせられる。ほんとうに素晴らしい映画だ。

劇中、自転車が登場するシーンは二つ。いずれもまだグイドたちにとって幸せな時代の情景だ。

ひとつめはアレッツォのグランデ広場でのこと。自転車にまたがり猛スピードで駆け下りてきたグイドは、よけきれずに通行人とぶつかってしまう。ぶつかった相手は意中のお姫さまドーラ。倒れて折り重なる二人。同じようなシーンは前にもトスカーナのわら小屋で見られた。「こんにちは、お姫さま!」。うれしそうに声を上げるグイドと、ぶつかられたというのに、まんざらでもなさそうな表情のドーラ。二人の距離がまたひとつ近づいた印象的なシーンだ。

ふたつめも舞台は同じくアレッツォのグランデ広場。先のシーンから数年たち、この頃すでに二人は結婚して子供も授かっている。親子三人で一台の自転車に乗ってグランデ広場を駆け下り、妻ドーラを職場に送り届ける。その後グイドと息子ジョズエは自分たちの書店におもむくが、もうそ

アレッツォのグランデ広場　著者撮影

の頃にはユダヤ狩りの影がしのびよっており、店先にはいやがらせのいたずら書きが……。自転車に乗っている時の意気軒昂とした表情と店先で落書きを見つけた時のグイドの表情の変わりようは悲しいほどだ。そうして、いまわしき収容所送りの日が刻一刻と近づいていくのだった。

次に紹介する映画はこれまでとはまったく毛色の異なる映画だ。『ニュー・シネマ・パラダイス』、『イル・ポスティーノ』そして『ライフ・イズ・ビューティフル』、いずれも心あたたまる、そして切なくなる映画だったが、この映画はおぞましく不快の極みとしかいいようのない作品。タイトルは『ソドムの市』。鬼才パオロ・パゾリーニ監督の遺作である。

この原稿を書くために初めて通しで観たが、あらためてあら筋を頭の中で思い起こすことすらおぞましいので、ＤＶＤのパッケージに書かれた解説文を機械的に入力することをおゆるし願いたい。

「一九四四年。第二次大戦下の北イタリア。ナチズムに加担する大統領、大司教、最高判事、公爵の四人の権力者は町中から美少年美少女達を狩り集め、レイプ・スカトロ・ホモ・ソドミー・オナニー・そして虐殺と、ありとあらゆる想像を絶した地獄の大パノラマを繰り広げる」

「崩壊ナチの最期の足掻きを象徴するのか、ファシズムの傀儡達を中心に展開する凄惨な修羅場」

「パゾリーニ映画の集大成たるべく凄まじい画面の連続が観る者を打ちのめす」

「パゾリーニ自身の強烈な反体制・反ファシズム思想を大きく打ち出した一大金字塔にして、世界各国で本編削除、本編修正、上映中止、上映禁止が相次ぎ、映画史上最大の混乱と論争を巻き起こした前代未聞の問題作」（以上は全て（株）エスピーオーによるＤＶＤ解説より）

自転車が登場するのは、冒頭の美少年狩りのシーン。北イタリアののどかな農村。自転車で走る若者たちの前に銃を持った男たちが立ちはだかる。とっさに自転車の向きを変え必死でペダルを踏んで逃走をはかるが、あっけなく車に行く手を遮《さえぎ》られてしまう。ここでの自転車は『Ｅ・Ｔ』のように「自由闊達に逃げおおせることのできる」乗り物ではなく、「まったく無力で無策な」ものとして描かれているように感じられてしかたがない。そして、この無力感は、この映画の中でひたすら虐待される若者たちの姿につながってくる。

ところでこの映画、なんと驚いたことに主人公の権力者を演じた四人のうち三人はプロの俳優ではなく素人だという。ラテン語教師、洋服屋のあるじ、そして作家が本職という三人は、役者顔負けの演技で嬉々として虐待シーンを演じているのである……

最後に紹介するのは自転車だけではなく、プロの自転車選手たちも登場した映画。タイトルは『ジロ・ディ・イタリアのトト』。イタリアの喜劇王トトの主演作で、彼の名がタイトルに冠された初めての作品でもある。

この映画ではコッピ、バルタリなど、錚々たる当時の一線級選手たちが登場し、実際にレースを繰り広げている。

トト演じるところの大学教授がある日、美人コンテストに審査員として参加する。そこで見そめた美女ドリアーナに言いよるが、彼女から「自転車レースで勝ったら、結婚してあげてもいいわ」との返事。レースどころか、それまで自転車もロクに乗ることのできなかったトト。必死のあまり悪魔にたましいを売り渡して、レースで勝たせてもらう約束を取り付ける。

レースの要領すらまったくわかっていないトトは、スタートラインでトップ選手たちが居並ぶ最前列にあとから図々しく割り込み、コッピやバルタリに気軽に握手してまわったりしている。号砲が鳴って周りが一斉にスタートしても、キョトンとしてひとりポツンとスタートラインに残る始末。しかしながら、いったん走り出すと、次々と勝利をかっさらってしまうのだ。まったくの無名選手であるトトが次々と勝っていくのを見て、あまりの不自然さに周囲も怒り出してしまう。コッピやバルタリをおさえて勝ちまくっているのだから。
勝利を重ねるごとに愛しのドリアーナとの生活が夢から現実に近づくことに嬉々とするトトだが、

実は悪魔との契約は最終的には勝利と引き換えにたましいがもぬけの殻、すなわちほぼ死に等しい状態となることを意味していたのだ。

レース最終日、もはや地獄に落ちることを覚悟していたトトだったが、彼の母親が機転をきかせて悪魔を眠らせることに成功。悪魔の力が及ばぬ間にうまくゴール前で転んで総合優勝は立ち消えとなったのだった。しかしながら、そこまでして自分と結婚したいという気持ちを知ったドリアーナは、優勝の約束こそ果たされなかったものの、トトと結ばれる決心をしたのだった。

映画の中では、往時のレースシーンがふんだんに盛り込まれている。バケツやホースでの水かけシーンや、補給所ではワインが出てきたり。現代のようにシステマティックではないけれど、だからこそ人々を熱狂させたなにかが、かつてのレースにはあったことが伝わってくる作品だ。

14　ジロの聖地　モルティローロ峠

ミラノから北に、コモ湖の脇をすり抜けてアッダ川をさかのぼっていくと、ヴァルテッリーナ渓谷というアルプスの山々に囲まれた渓谷地帯にたどり着く。渓谷とはいっても、日本でよく見られるようなV字型に深く切れこんだ暗く狭いものではなく、アルプスの氷河によってえぐり取られたU字谷とよばれる広々として見通しのよい谷間を形成している。

スイスと国境を接するこのエリアは、山深い土地ではあるが、一説には古代ローマの時代からワイン用のぶどうを産していたことからも、古くからひらかれた土地であることをうかがわせる。氷河によってカンナのように削られた急峻な斜面には、いったいどうやって開墾したのかと驚嘆したくなるようなぶどう畑がえんえんと続いており、その険しい風景と厳しい気候を体現したような飲みごたえのあるワインを産出している。ラインアップの中にはD.O.C.G.（イタリアワインの等級で最上級のもの）に認定されるほどの上質のワインもある。

このヴァルテッリーナ渓谷の東の端にモルティローロ峠（標高一八五二メートル）という、細くて人通りの少ないさびれた峠道がある。周辺には、より便利でより整備された峠道がいくつか通じているので、交通上の重要性があるようには見うけられない。日頃は地元の農作業車くらいしか通ることがなさそうな道である。

モルティローロ峠が舗装されたのは八〇年代に入ってからのこと。それも交通のためではなく、自転車レースのために。この峠はジロ・ディ・イタリアの舞台として用意されたといっても過言ではないのだ。

峠道そのものは舗装されるよりもはるか昔から通じていたようで、峠の西側にはささやかな牧草地帯が広がっており、牛を引き連れたり、あるいは地元の農民が農産物を流通させたりするために開いた道だったのだろう。イタリア北部の山岳地帯はハプスブルグ家のオーストリア＝ハンガリー帝国やナポレオンのフランスなど、時代ごとに支配者が入れ替わり、国境線がひんぱんに動いたこともあって、イタリア統一の頃、ナショナリズムに目覚めたイタリア人たちが自らの名を刻むようにあちらこちらに道を切りひらいた。モルティローロもそのような道のひとつだという説もある。

今はおだやかな景色の広がる峠の周辺だが、第二次大戦の末期、対独戦がもう終わりに近づこうかという頃、パルチザン対サロ共和国軍（ドイツの傀儡政権）&ドイツ軍による交戦が繰り広げられた。双方二千〜三千もの兵力がこの狭い山域に投入され、戦いは一カ月にも及んだ。その間にムッソリーニはコモ湖付近でパルチザンに捕えられ銃殺、ヒトラーはベルリンの地下壕で自殺、彼らの死から数日後にはモルティローロの戦闘も終結した。欧州戦線における戦闘としてはほぼ最末期のものに数えられる。

モルティローロが舗装されたのは八〇年代と先に述べたが、この時代はロードレースがより先鋭化し、より厳しいコースが求められた時代でもあった。ツール・ド・フランスでも、それに先立つ七〇年代後半に、二〇年あまりものあいだ忘れ去られていたラルプ・デュエズがコースとして復活。以降、数々の名勝負の舞台となり、今ではツールの聖地と称されるほどになった。ちなみに、ラルプ・デュエズが初めてツールの舞台となったのは一九五二年のこと。その時、このステージを制したのは、ファウスト・コッピである。

ツールに負けじと急峻なコースを探していたジロの主催者は、モルティローロに目をつけた。頂上近くまで木々におおわれているので、景色の険しさ・フォトジェニックさではラルプ・デュエズやステルヴィオ峠などにゆずるが、斜度が半端ではないのだ。西麓の村トーヴォ・ディ・サンターガタから測ると平均斜度で一一%、最大斜度はなんと二二%にもなる。ランス・アームストロングをして「とんでもない坂だ。こんな坂は登ったことがない」と言わしめたほどの登り、それがモルティローロである。

モルティローロが初めてジロの舞台となったのは一九九〇年のことであるが、その名がロードレースの歴史に刻まれることとなったのは一九九四年、マルコ・パンターニがこの峠を制した時からである。

この年のジロは、それまでジロ二連覇を果たしていたスペインの王者ミゲール・インデュラインと、ロシアの新星エフゲニー・ベルズィン、それと当時まだ無名に近かったマルコ・パンターニの三人が、文字通り三つ巴の戦いを繰り広げた。

西麓のマッツォ・ディ・ヴァルテッリーナから登りにかかると、峠の頂上までかなりの距離を残した地点で早々にパンターニがアタック。一定ペースで登りをこなすことを信条としているインデュラインは無理に追うことはしなかったが、マリア・ローザをまとっていた若いベルズィンはパンターニのアタックに反応。しかしながら一〇％を超える激坂で強烈なアタックを繰り返すパンターニになすすべもなく、次第に引き離されていく。峠をトップで通過したパンターニは、麓でインデュラインに追いつかれたものの、ゴールのアプリーカへの登りでインデュラインの苦しげな表情を見てとって猛然とスパート。見事ステージ優勝を手中におさめた。この時のテレビ視聴率は五〇％を超え、この数字はサッカ

モルティローロ峠、著者撮影

ーやＦ１など他のスポーツをおさえて年間トップとなった。

二〇一三年五月にヴァルテッリーナを訪れた。目的はもちろんモルティローロ峠を自転車で登ること。無謀な計画である。

この年の春は、イタリアに限らないが天候が不安定だった。訪問時よりも遅い時期にこの近辺をジロが通過する予定だったが、降雪のため中止になるほどだった。幸い滞在中は雪に降られることはなかったが、到着した日は終日冷たい雨が降っていた。宿の女将さんに「明日の天気はどうだろう？」と尋ねたら、「さぁ、わからないわねぇ。コロコロ変わるからね」と至極もっともなことを言われた。

翌朝、起きてみると、まだ雨は残っている。しかしながら山の向うを見ると、わずかながら雲のすきまが見えてきている。「行けるところまで行ってみよう」。そうと決めると、着替えて自転車をセットし、出発することにした。

マッツォ・ディ・ヴァルテッリーナから登りにかかると、農家の私道のような裏道をすり抜けていくのだが、そんなところから早くも一〇％を超える斜度となっており、行く先が思いやられる。ちなみに、パンターニがこの峠を制した時の平均時速は一七キロ。ラルプ・デュエズは二五キロで登り切っているので、モルティローロがいかにきついか、おわかりいただけるだろうか。

しばらくは日本の山間部のような森林帯が続くので景色はおだやかだが、坂はおだやかではない。見上げても視界にはほとんど路面しか目に入らない。傾斜があまりにも急で、壁のように立ちはだかっているからだ。歩くのとほとんど変わらないスピードで、自転車を引きずり上げるような感じでズリズリと登って行く。

斜面なかばで視界が広がる。牧草地帯に出たのだ。アルプスの少女ハイジで見たようなのどかな景色が広がる。丸太小屋の脇に湧水を見つけ、これ幸いと一息つかせてもらった。もとより足をつかずに頂上まで行くつもりはなかったのである。

しばらく進むと、山腹に大きなモニュメントが目に入る。モルティローロで自らの名をレース史に刻んだマルコ・パンターニの像である。この像は、パンターニがリミニで非業の死を遂げた後、二〇〇六年に彫刻家アルベルト・パスクァルによって制作されたものである。彫像のパンターニは顔をゆがめ、必死にペダルを回している。苦痛に満ちたその表情は彼の一生を思い起こさせ、胸ふたぐ思い

モルティローロのパンターニ像　著者撮影

だ。

頂上が近づくにつれ傾斜も若干ゆるくなってくる。頂上の百メートルほど手前から道の上に雪が残っていたが、かまわず進んでいく。レースの時には幾重にも人垣が続くのだろうが、今は人っ子ひとりおらず、静かな時間が流れている。レースの時が特別で、日ごろはこんな感じなのだろう。ただ、あまりの寒さに、いつまでも余韻にひたっているわけにもいかない。雨は途中からあがったものの、まだ怪しげな雲がそこかしこに流れている。次回は夏に訪れて周辺の峠もめぐることにしようと思いつつ、登ってきた道を引き返すことにした。

15　ジロを走った女性レーサー

一九二四年のジロ・ディ・イタリアは危機的状況にあった。有力選手たちがそろって出場をボイコットしたのだ。

事の経緯はこうだ。

自転車レースは、ジロもツールもそうだが、そもそも「スポーツ競技」というより「アドベンチャー」であり、サバイバル的性格をもって生まれたものだった。選手たちは、おのれの力だけでゴールすることが求められた。食料補給はもちろん、自転車の修理なども、すべて自分ひとりでしなければならなかった。ましてや、他人を風よけにするチーム・プレーなど論外だった。

しかしながら、レースは年々チーム・プレーの様相を呈してきた。ことに、当時ほとんどのチームは自転車メーカーがスポンサーだったこともあり、個人の名が出ることよりもブランド名が出ることが優先された。チームにひとり有力選手がいれば、その他のチームメートたちはてんでばらばらに競走して結果的に全滅するよりも、有力選手を支えること――風よけになったり、エースがパンクした時には自分のタイヤを差し出したり――を求められるようになってきた。

こうした流れにくさびを打とう、原点に立ち返ろうと、ジロの主催者である新聞社ガッゼッタ・デッロ・スポルトはチーム・プレー厳禁を打ち出したのだが、結果的に有力選手をかかえるチームの反発をまねいた。また、報酬をめぐって選手と主催者との間でいさかいもあり、初代カンピオニッシモのコスタンテ・ジラルデンゴや、イタリア人初のツール優勝者オッタヴィオ・ボッテッキアなど、錚々たる面々がレースを辞退することになった。

有力選手のいないレースは、一軍選手のいないプロ野球か、幕内のいない大相撲か。なんにせよ盛り上がりに欠けるし、そもそもある程度の人数が集まらないことにはレースが成り立たない。ガッゼッタは窮余の策として、宿や食事を提供することを条件に、チーム登録をしていない個別登録選手の出場を積極的に受け入れることにした。そして、その中になんと女性が一人まぎれこんでいたのである。

アルフォンシーナ・ストラーダは一八九一年、モデナ近郊の農村の生まれ。両親はふたりとも無学で貧しい小作農だった。十人兄弟の二番目に生まれたアルフォンシーナは、小さな弟や妹の面倒を見ながら両親を支える、おしんのような健気な女の子だったが、十歳のある日、父親が日銭の代わりにオンボロ自転車を譲り受けてきたことから生活が一変した。父親は屑鉄屋に売り払って多少なりとも生活の足しにしようと思っていたのだが、アルフォンシーナはそのボロ自転車にまたがって田舎道を駆け巡るようになった。あまりの熱心さに、近所の人たちから「イカれた娘」と呼ばれるほどに。

そんなアルフォンシーナがレースに出るようになるのは自然な成り行きだった。当時五百メートル走の世界記録保持者だったカルロ・メッソーリのもとに通いトレーニングを積み、日曜はミサに行くと両親にウソをついて、男子にまじってレースに出場する日が続いた。とはいえ、ミサに行って足を泥だらけにしたり頭から砂ぼこりをかぶったりすることはないわけで、やがてそんなウソも両親にバレるところとなった。自転車を続けたければ結婚して家を出なさいといわれたアルフォンシーナは、自転車を通じて知り合った彫刻家のルイージ・ストラーダと結婚。ルイージから結納品（?）として贈られたのは、当然のように新品のロードレーサーであった。

結婚した二人は、拠点をトリノに移した。先進的な北部の方が、自転車に打ち込むには恵まれた環境だったからだ。やはりエミリアの片田舎では、女性が自転車で走り回ることに対し、冷たい目が向けられていた。

同じような境遇として、六〇年代を代表するイタリア人選手フェリーチェ・ジモンディの母親もあげられる。二〇年代に郵便配達の仕事で自転車に乗っていたのだが、村人や教会の神父から「女性が自転車に乗ることは、まかりならん」と、とがめられたという。ジモンディは、のちにこの頃を振り返って、そんな母親の背中を見て、自転車乗りになることを胸に誓ったという。

話はさらにそれるが、二〇一二年に『少女は自転車に乗って』というサウジアラビア映画が上映された。サウジアラビアはイスラム圏の中でもとくに戒律の厳しい国だそうで、そもそも国内に映画館がなく映画製作なども禁止されている国なのだが、国外に住むサウジアラビア人の女性監督がそういったサウジの現況をひとりの少女の目を通して描いた作品である。映画が禁じられているくらいだから、女性が自転車に乗るようなこともちろん禁じられているのだが、主人公の十歳の少女は意欲的で進歩的であるがゆえに、あちらこちらで戒律やタブーの壁にぶちあたる。映画の中では、そのようなイスラムの戒律やタブーが随所に描かれているのだが、カトリック国のイタリアもかつては（程度こそ違え）様々な制約にしばられていたのだろう。

話をアルフォンシーナに戻すと、すでに何人かの先輩女性レーサーのいるトリノで力をつけていき、規模の小さいレースでは男性を打ち負かすこともしばしばとなり、ついに一九一七年にはジロ・ディ・ロンバルディアに出場するほどになった。このレースは、プロレースの中でも、クラシックとよばれるカテゴリーに入るほどプレステージの高いものだ。このレースで完走したアルフォンシーナは、さらにもう一回ジロ・ディ・ロンバルディアに出場した。そして、いよいよ一九二四年のジロを迎えることになったのである。

アルフォンシーナがどのような経緯でジロに出場できるようになったのか、今となっては定かではない。一説には直接ジロの主催者であるガッゼッタの編集部に乗り込んで直談判したということだが、勝気なアルフォンシーナのこと、ありえない話ではなさそうだ。ただ、ジロの出場リストには、はじめ“Alfonsin”と記載されて

いた。名前の語尾の“-a”を抜いて、女性か男性かボカしたわけだ。（イタリア人のファースト・ネームは一般的に男性は -o で終わり、女性は -a で終わる）。これが、アルフォンシーナ本人によるものか、主催者が意図的に隠そうとしたのか、あるいは単なる誤植か、今となっては不明だが、ロンバルディアのような一日のレースと異なり、一カ月近くにわたる過酷なレースに女性が出場するというのは、やはりスキャンダラスなことと考えられたのだろう。

当時すでに三十三歳に達していたアルフォンシーナは、八九名の男子選手とともにミラノの中心部ポルタ・ティチネーゼを朝四時に出発した。

その時の様子は次のように描かれている。「肩からたすき掛けにバッグをかけ、中には予備チューブ、工具、パンク修理用の針と糸、ばんそうこうと傷口をぬぐうためのスポンジまで入っている。長めのソックスに黒のレーサーパンツをはき、ジャージの背中にはタイヤメーカーの名前が縫いこまれている。上にはジャケットをはおっているが、これは陽が出たら脱ぐのだろう。」

先頭からは遅れながらも、なんとか制限時間内にたどりついていたアルフォンシーナだが、ついにラクイラに到着する第七ステージで制限時間をオーバーしてしまった。しかしながら主催者のはからいで、着順はつかないものの、最終ゴールのミラノまでいっしょに走ってもよいということとなった。実際、沿道には彼女を一目見ようという観衆が大勢かけつけていた。有力選手が欠けて話題性に乏しいジロとしても、かっこうの目玉となったことだろう。彼女も声援にこたえて、サイン入りのポストカードを配ったりしながら、無事ミラノまでの完走を果たしたのだった。

第二次大戦直後にご主人のルイージを亡くしたものの、その後かつての自転車の師匠だったカルロ・メッソーリと再婚し、ふたりでミラノ市内に自転車とオートバイのお店を開いた。形こそ変われど、自転車への情熱は持ち続けていたようだ。

晩年にもモト・グッツィの五百CCバイクを乗り回すほど元気だったのだが、一九五九年そのモト・グッツィで起こした事故のため、帰らぬ人となった。享年六十八歳。

晩年に撮られたモト・グッツィにまたがった写真も現役時代に負けずおとらず楽しげで誇らしげで、微笑ましくなってくるものだ。

モトグッツィに乗るアルフォンシーナ

16　サイクリストの守り神　ギザッロ教会

二〇一三年五月、モルティローロ峠に挑戦した旅の途上、コモ湖の近くにあるギザッロ教会を訪れた。位置的には、漢字の「人」の形をしたコモ湖の、ちょうど股のあたりの小高い山の上に位置する。ここは第二次大戦後、時の法王ピウス十二世によって正式にサイクリストの守り神として布告された由緒正しき教会である。布告の際には当時のトッププレーサーだったジーノ・バルタリやファウスト・コッピらがローマから聖火をリレーで運んだのである。

教会そのものは、中世期に土地の有力者であるギザッロ伯が山賊に襲われた折、聖母マリアに願をかけて難を逃れ、教会を寄進したことから名づけられた。そして教会の中には「授乳の聖母子」像がまつられている。

「授乳の聖母子」像とは、聖母マリアが胸をはだけて幼子キリストに授乳している場面であり、お堅い(?)キリスト教には一見そぐわないように思えるが、ルネサンス期にはよく描かれた題材らしい。ただ、のちの十六世紀半ばに開かれたトレント公会議において、聖書に書かれていない場面を描くことが批判されたのを機に、以降は描かれなくなったという。ここギザッロの聖母はどこかあどけない面立ちで、素朴なタッチがなんとも微笑ましい。抱かれたイエスが右手をかざして人差し指と中指を立てているのはよく見られる図像だが、ギリシャ文字で「イエス・キリスト」であることを表している。

ギザッロ教会のあるロンバルディア州は、もともと自転車の盛んな土地で、教会のすぐ脇の道もジロ・ディ・ロンバルディアというレースの舞台となっている。

ジロ・ディ・ロンバルディアは一九〇五年にスタートした伝統あるレースである。コースはロンバルディアの山々やミラノ、ベルガモといった州の主要都市を中心にめぐる。年によってコース取りは変わるものの、ギザッロ教会は必ずコースに組み入れられる。選手たちが教会の脇を走り過ぎるときには鐘が打ち鳴らされ、観衆の興奮は最高潮に達する。

ギザッロ教会、著者撮影

時期的には九月末や十月に開催されるので、別名「落ち葉のレース」とよばれ、シーズンを締めくくる主要なレースに位置づけられている。

主要なレースだからというわけでもなかろうが、第一次大戦中も途切れることなく毎年開催され、第二次大戦中にも二回だけしか中止されなかった（一九四三、四四）。「国家総動員」「一億総火の玉」の日本人からは考えられないことだ。

過去の優勝者には、初代カンピオニッシモであるジラルデンゴをはじめ、歴代カンピオニッシモのビンダにコッピ、コッピのライバルだったバルタリ、史上最強のレーサー、メルクスにイノーと、錚々たるレーサーたちが名を残している。

最多優勝はファウスト・コッピの五勝（一九四六、四七、四八、四九、五四）。だが、コッピはこのレースでほろ苦い逸話も残している。

一九五六年のジロ・ディ・ロンバルディアでのこと。すでに全盛期を過ぎた三十七歳のコッピは、おのれが五勝を飾ったこのレースに再起をかけていた。若手選手がギザッロでアタックをかけたのに反応し、二人でミラノのゴール目指して快調に飛ばした。うしろでは、当時バルタリ、コッピについで「第三の男」とよばれていた実力者のフィオレンツォ・マーニをふくむグループが追い上げをかけていた。そのマーニに対して、チームカーに同乗していたコッピの情人が、車の中からマーニを侮辱するようなジェスチャーをとったのだ。

さて、ここでコッピの情人について少し説明が必要だろう。情人の名はジュリア・オッキーニ。

コッピとジュリア

コッピもジュリアも、それぞれ家庭を持つ身でありながら、許されぬ恋に落ちた。今でもイタリアは離婚が非常に難しい国であるが、当時はそもそも法的に離婚が認められていなかった。そのような時代に、二人は互いの家庭を捨てて結ばれたわけだ。当然、社会的反発は強かった。またジュリア自身も一癖も二癖もある女性だったようで、ことに敬虔なカトリック信者であるバルタリやマーニはこころよく思っていなかったそうだ。ちなみに、離婚を認めないというカトリックの「婚姻の秘跡」は、先に上げたトレント公会議で正式なものとされたという。

そのような背景の中で、情人ジュリアはマーニを小バカにするような態度を取った。激高したマーニは、自分が勝つことよりも、とにかくコッピを勝たせないことに全力を傾けた。猛烈に集団を引っぱってゴール手前でコッピたちに追いつき、最後は自分が引っぱってきたフランス人選手がコッピを差しきるのを見て溜飲を下げたのである。後ろでそんなことがあったとはつゆ知らぬコッピは、最後の大きなチャンスをさらわれて人目をはばからず号泣したのだった。コッピは以後、勝ち星に恵まれず、四年後にはわずか四十歳でマラリアにより命を落としたのである。

ギザッロ教会を訪れたときに話を戻そう。本来であれば自転車で行きたい、いや行かなければならないところであるが、あいにく氷雨が降っており、軟弱にも車で向かった。コモ湖の東南にあるレッコの町からゆるやかな坂を上りつめると、開けた山上の村マグレーリオに到着する。ここはコモ湖や周辺の山並みがきれいに見渡せる立地だ。

それまで写真で見ていたイメージとくらべると、かなりこぢんまりとした聖堂だった。もし周囲に建物が密集していたらまったく目立つこともなかろうが、おそらく地元できちんと管理しているのだろう、周囲は開けて教会の建物が際立つようになっている。

中に入ると、ずらっと壁にかけられた自転車に圧倒される。コッピやバルタリをはじめ、メルクスそしてマルコ・パンターニなど、往年の名選手たちが献納したものである。どれも実際にレースで使われていた自転車ばかりで、見ていると胸の奥に震えを覚える。壁には小さな顔写真が多数貼られており、これは自転車事故で亡くなったプロ選手やホビーレーサーを弔うために遺族が納めたものだという。

そして、堂の奥には、先に紹介した授乳の聖母子が、選手たちを見守るかのように鎮座している。

教会の横には自転車博物館があり、教会内におさまりきらなかったおびただしい数の自転車が展示されている。この博物館の初代館長は、一九五六年にこの地でコッピに引導を渡したフィオレンツォ・マーニその人であった。

イタリアをはじめとしたヨーロッパにおいて、自転車競技というものが単なるスポーツの枠にとどまらず、歴史や宗教、人と人とがおりなす様々な相関図の中に位置づけられている。この教会に来て「自転車は文化である」という言葉が実感をもって感じられたのだった。

授乳の聖母子　著者撮影

17　現存最古の自転車メーカー　ビアンキ

ビアンキというブランドは、ロードレースにとくに関心がない人でも耳にしたことがあるのではないだろうか。記録に残るかぎりでは、現存する中で世界最古となる、イタリアを代表する自転車ブランドである。

創業者のエドアルド・ビアンキは一八六五年、当時まだオーストリアの支配下にあったミラノで生まれた。

当時はイタリア統一運動のまっただなか。エドアルドの父ルイージは、せっかく繁盛していた自身の食料品店が混乱に乗じて打ち壊されたり、統一戦争に従軍して負傷したりと、エドアルドの生まれた頃には一家は非常に困窮した状態だった。

幼くして働き始めたエドアルドは、ミラノの様々な鉄工関係の工房を渡り歩き、一八八五年に市内で自分の工房を立ち上げた。

その頃はまだオーディナリーとよばれる、前輪が異常に大きい、いわゆるダルマ型の自転車の最盛期だったが、エドアルドは早くも創業の翌年に、現在普及しているのと同じような前後輪が同じサイズの自転車を手がけた。しかも、当時まだ出始めたばかりのゴム製のタイヤを取りつけて。

　自転車の起源は諸説あるが、現在の定説では一八一七年にドイツの貴族カール・フォン・ドライス男爵が発明したものが自転車のルーツとされる。これは発明者の名前を取って「ドライジーネ」と呼ばれるが、チェーンやペダルなどはなく、自分の足で地面を蹴って進むようになっている。いうなれば「木製の馬」といったようなもので、日ごろの移動や運搬には、とてもじゃないが使いものにならなかった。あくまで「貴族や金持ちの遊び道具」にすぎなかった。

　やがてペダルが発明されたが、当初はまだチェーンは自転車に組み込まれておらず、三輪車のように前輪を直接まわす仕組みになっていた。ギアといったような便利なものもまだなかったので、スピードをあげるために前輪がどんどん大きくなり、大人の背たけを超えるほどになった。ペダルひとこぎで進む距離は、車輪が大きいほど伸びるためだ。これがダルマ型自転車の成り立ちである。

　ただ、人の背たけより高い位置に腰かけて、しかも当時まだ舗装などされていないデコボコ道を走るのは、危険きわまりないものだった。イギリスでは「ボーン・シェイカー（骨ゆすり機）」

エドアルド・ビアンキ

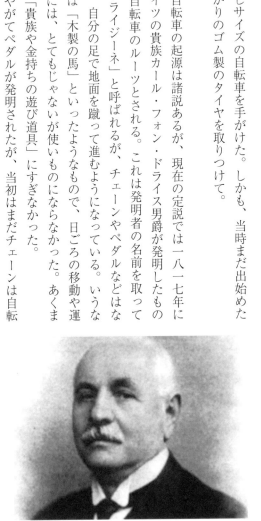

や「未亡人製造機」の異名をとったといわれる。これだけでも当時の自転車の様子が伝わってくる。
ダルマ型自転車の反省をふまえ開発されたのが、セイフティー型とよばれる、こんにち一般にみられるような前後の車輪が同じサイズの自転車である。これにより自転車はよりいっそう普及していった。エドアルドの工房立ち上げは、まさに時流に乗ったものだった。

ダルマ型自転車

世界的な自転車産業の流れをみると、二十世紀に入った頃に、いったん足踏み状態となってしまう。十九世紀にイギリス、アメリカ、フランスなどの先進国でふくらんだ自転車バブルがはじけてしまったのだ。ちなみに一九世紀末のアメリカには大小あわせて三百社（！）もの自転車メーカーがあり、年間百二十万台（！）もの自転車が製造されたという。
イギリスやアメリカはその後モータリゼーションにシフトしていくわけだが、フォードに代表されるような大量生産システムは、自転車産業がその先駆けとなったことを付け加えておきたい。
一方で、ラテン語圏のフランスやイタリアでは、英米ほどのバブル崩壊ではなかったこともあるだろうが、あらたな方策でさらに自転車を普及させていく道をたどった。こんにちにつながる数々の自転車レースの誕生である。初期の自転車レースでは、自転車メーカーがチームのスポンサーとなったのである。

ここでひとつ断っておかなければいけないのは、当時各メーカーがマスで売り込もうとしていたのはあくまで実用自転車、いわゆるママチャリのたぐいだったということだ。

ビアンキも、第一次大戦前の一九一四年には、自転車だけで四万五千台、さらにオートバイ千五百台に自動車千台もの生産数をほこった。従業員もそれに見あう数千人の規模でかかえていた。レース用車両はあくまで宣伝の道具であり、自社の優位性を示すためのものであった。そういう意味で、当時の自転車メーカーの戦略は、自動車でいえば同国のフェラーリのスタンス——実用車の売上はレースのための資金源——というよりは、むしろ日本車やドイツ車に近いものといえるだろう。

「イタリアの自転車＝レースのための自転車」というイメージとなったのは、チネリやコルナゴといった（当時の）新興ブランドが第二次大戦後に立ち上がってからのことである。そして、これらの新興ブランドは、スタッフが元ビアンキの工員であるなど、直接的あるいは間接的にビアンキとつながっており、イタリア自転車界におけるビアンキの影響力の大きさをうかがわせる。

初期のレース、たとえばジロ・ディ・イタリアの記録をたぐってみると、第一回大会（一九〇九年）では、一位はアタラ（当時の大手メーカー、ビアンキ最大のライバル）で、ビアンキは三位。翌年も一位はアタラに奪われ、ビアンキはトップ五にすら入っていない。ようやく第三回大会で首位となったが、その後もかならずしもコンスタントに勝利を重ねていたわけではなく、一九二〇年代に入るとレニャーノが圧倒的な強さを誇るようになる。レニャーノ・チームは二〇年代にはアルフレード・ビンダ、そして続く三〇年代にはジーノ・バルタリといった、イタリアを代表するトップ選手を抱えていたためだ。

ファウスト・コッピも自身初のジロ優勝をかざった一九四〇年は、バルタリとともにレニャーノに所属していたが、翌年以降はたもとを分かつかたちでビアンキ・チームに移る。ここからビアンキの快進撃が始まったのである。

「ひとりの男が単独でレースを支配しています。そのウェアは白と空色。その名はファウスト・コッピ」

今でもイタリアのレース中継で必ずといっていいほど耳にするこのフレーズ。一九四九年のジロでラジオ中継のアナウンサーが開口一番に口にしたものである。驚異的な独走勝利をはたしたコッピは、そのときビアンキ・チームのビアンコ&チェレステ（白と水色）のジャージを身にまとっていた。

厳密にはジャージの水色と自転車に塗られた水色は微妙に違う色調だが、やや緑がかった空色は世界中の自転車乗りの憧れだ。フェラーリ・レッドとともにイタリアを代表するブランドカラーといえよう。この色は、エドアルドが自転車を献上したマルゲリータ王妃の目の色に由来すると言い伝えられる。エドアルドの粋な計らいが、こんにちまで命脈を保っているのだ。

18　滋養強壮と栄養補給

自転車レースは、数あるスポーツの中でも特にエネルギー消費の激しいスポーツだ。プロのレースともなると、一日に六千キロから七千キロカロリーを消費するといわれる。

一口に七千キロカロリーといってもイメージがわかないが、ごはんお茶碗一膳が約一五〇キロカロリーなので、お茶碗にして四十～五十膳ほど。とても一日に食べられるような量ではありませんね。

ちなみに、同じ持久系スポーツのマラソンは、一回のフルマラソンで二千キロから三千キロカロリーといわれている。競技時間が異なるので――マラソンは二時間あまりだが、自転車は六～七時間におよぶ――単純比較はできないが、いずれにせよ自転車レースが厳しいものであることにかわりはない。

なかでもジロ・ディ・イタリアやツール・ド・フランスなどのステージ・レースともなると、このような過酷な状況が一か月近くも続くので、選手にとって食事や栄養補給は最重要課題だ。これがうまくいかないとハンガーノックと呼ばれる、いわゆる低血糖状態となり、体にまったく力が入らない状態となる。

レースを見ていると、それまで調子よく走っていた選手が急にガクッとスピードダウンして後続にどんどん抜かされていくシーンを目にするが、たいがいハンガーノックが原因だ。トップ選手といえどもしばしば補給に失敗して、このような状況におちいってしまう。

では、自転車選手たちはどのような食事を摂っているのか。カロリーが高ければなんでもいい、というわけではもちろんなく、体に良くて効率的にエネルギーとなるものでなければならない。

史上最強のレーサー、エディ・メルクスの語るところによると、自転車選手が避けるべき食べ物として「油で揚げたもの、ソーセージやサラミのたぐい、極端に辛いもの、ごてごてしたケーキ、アルコール、過度に冷たい飲み物」(『自転車ロードレース教書』より)とある。ただ、当のメルクスが所属していたチームが「ソーセージやサラミのたぐい」を製造しているイタリアのモルテーニ社がメインスポンサーだったのだけれど。

一方で、メルクスはドキュメンタリー・フィルムのインタビューで、次のような言葉も残している。

インタビュアー(メルクスの食卓にケーキがあるのを見つけて)
「自転車選手がケーキを食べてもいいのかい?」
メルクス(ケーキを口にしながら)
「ケーキは別に悪くないよ。(体に)悪いのは、坂を登ることさ」 ("La Course en Tete", 1974より)

そのへんの人間がこんなことを言ってもまったく格好がつかないが、通算成績五百勝を誇るメルクスの言葉となると、なんとも味わい深い。

走行中にとる補給食は、今でこそいろいろなサプリメントが発売されて、味はともかく、栄養的に事欠くことはない。だが、これも八〇〜九〇年代からのことで、それ以前はパンにハム＆チーズあるいはジャム＆ハチミツをはさんだものや、バナナやリンゴなどの果物が一般的だった。ザバイオーネなどの甘いお菓子も食べられたそうだ。

二〇年代のチャンピオン、アルフレード・ビンダは、一九二五年のジロ・ディ・ロンバルディアで、走りながら二十八個の生卵を食べて優勝を飾った。この時、二位の選手には二十八分の差をつけて勝利したので、「卵一個で一分のアドバンテージ」とまことしやかにいわれた（もちろんたまたまです）。

これらの栄養補給は空腹を感じてからでは遅く、走りながらこまめに行わなくてはならない。水分補給もしかりで、のどの渇きを感じてからでは脱水症状がかなり進んでしまう。

だからというわけでもなかろうが、昔のレースの映像を見ていると、沿道のレストランや食料品店に選手たちがわらわらと押し入って、飲み物や食べ物を強奪（！）している様子もしばしば見られる。これはチームのサポートがさほどオーソライズされていなかったせいもあるかもしれない。

沿道の観衆からミネラルウォーターのボトルを受け取るシーンも二〇〇〇年代の初めごろまで

はよく見られた光景だが、昨今はドーピングの問題もあるせいか、見ず知らずの人間からなにか受け取ることもなくなった。熱狂的な観客たちとの交流のようにも見えて、楽しいシーンではあったのだが、本当に世知辛い時代になったものだ。
また、驚くべきことだが、昔のレースでは走行中にアルコールを摂ることもあったようだ。たとえば、アメリカの文豪ヘミングウェイが二〇年代のパリで自転車レースを見物した時の様子を次のように記している。

水を差し出す観客、著者撮影

レース終盤、その猛々しいまでのスピードにいちだんと弾みをつけようとしてか、頭をぐっとさげて、レース・シャツの下に装着していたボトルのゴム・チューブからチェリー・ブランディを吸っているのが見えた。

（『移動祝祭日』高見浩訳、新潮社より）

実際、アルコールは疲労回復や気つけ薬のたぐいとして重宝されたようだ。これは補給食ではなくレース後の疲労回復法について書かれた内容だが、パンのかたまりをワインにひたしたものが疲労回復に効果的、といった記述もみられる。

アルコールはもちろん現在では禁止薬物となっている。アルコールはともかく、「気つけ薬」のたぐいは、二度の大戦を契機として自転車選手たちの間にも広まっていった。ことにアンフェタミンをはじめとした興奮剤は「バクダン」とよばれ、疲労がたまって力が入らないときの着火剤として重宝された。

ファウスト・コッピとジーノ・バルタリがテレビの歌番組に出演した際、デュエットでこんなかけあいをしている。

コッピ
「ジロでは何度も勝ったものさ。一度もクスリをやらずにね。」
バルタリ
「そう、彼はジロで何度も勝った。でもクスリをやってたんだよ。そう、やってたのさ！」

歌い終わってしてやったり顔のバルタリと、「このオヤジめが……」といいたげな表情で苦笑いのコッピ。YouTubeでも見られますので、興味のある方はぜひ視聴してみてください。

ドーピングが取り締まられるようになったのは、ツール・ド・フランスでも一九六六年からのことで、それ以前はもちろん「よからぬこと」という共通認識はあっただろうが、そこまで厳格に糾弾すべきものとはみなされていなかったようだ。

七〇年代ごろまではドーピングといえば興奮剤のたぐいだったが、八〇年代以降、血液の酸素運搬能力を高めるもの（自己輸血や血液製剤等によるもの）が広まっていき、いまだに大きな問題となっている。血液ドーピングは摘発も難しく、また体への悪影響も甚大なので、より悪質性が高いものだ。マルコ・パンターニやランス・アームストロングらが使用していたのもエリスロポイエチン（EPO）とよばれる造血ホルモンである。
そのうち、遺伝子組換えや再生細胞によるドーピングが行われる時代がやってくるかもしれない。コンピュータウィルスと同じく、いつまでもイタチごっこの世界で、ファンとしても失望するしかないのだが。現役の、そしてこれからの選手たちがクリーンに活躍することを願うばかりだ。

19　ヘミングウェイと自転車レース

ヘミングウェイは大好きな作家で、昔からよく読んでいたのだが、作品の中で自転車のことも取り上げていると気づいたのは、つい最近のことだ。フィッシングや闘牛がお好みと思い込んでいたので、これはなんとも意外であった。さらにヘミングウェイの自転車愛は、イタリアへの思慕ともからみあっているようで、そんな視点でいま一度、作品を読み返してみた。

晩年に書かれた『移動祝祭日』は、若き日のパリ時代を回想した作品だが、その中のエピソードでのこと。まだ駆け出しの作家で、家計の大半を馬券で稼ぐような生活を送っていたヘミングウェイであったが、ある日、一大決心をして、ヤクザな馬券生活から足を洗うことにした。ちょうどそんな決心をしたころ、知人に「競馬より面白いものって、どんなものがあるんだろう?」とたずねたところ、「自転車レースがあるじゃないか」と助言されたのが自転車にはまるきっかけだった。

競輪場でくりひろげられる目まぐるしいまでのつばぜりあいや、美しい山岳地帯でのロードレ

ースに魅せられたヘミングウェイは、何度か自転車レースを題材にした作品を書こうとしたものの、「ロードレースの素晴らしさに太刀打ちできる作品を書きあげることはついにできなかった」と述懐している。

ひとつ注釈を加えておくと、日本で競輪というと、競馬や競艇と同様、公営ギャンブルであるが、ヨーロッパのそれは賭け事の対象ではなく、あくまで純粋にレースを楽しむものである。

ところで、この本のタイトル『移動祝祭日』を初めて目にしたとき、「まさにツール・ド・フランスやジロ・ディ・イタリアといったグランツールを言い表した言葉だ！」と、ひとり勝手に合点してしまった。実際には、ヘミングウェイが知人に語った言葉「もし幸運にも、若者の頃、パリで暮らすことができたなら、その後の人生をどこですごそうとも、パリはついてくる。パリは移動祝祭日だからだ」にちなんだものである。

初の長篇であり出世作となった『日はまた昇る』の中で、ヘミングウェイはイタリア人初のツール覇者オッタヴィオ・ボッテッキアを登場させている。舞台は一九二五年のスペイン・バスク地方でのことである。

「ロスト・ジェネレーション」とよばれる退廃的で野放図な仲間たちとの闘牛観戦の旅で、主人公は心の中に少なからぬ傷を背負いこむこととなった。その傷をいやすかのようにスペインの海沿いの避暑地をひとりおとずれた主人公は、ホテルでレース転戦中の自転車チームの一団と遭遇し、明るく前向きな選手たちの空気にここちよく包みこまれた様子である。

ヘミングウェイは、作中のチームマネージャーに自転車レースについて次のように語らせている。「自転車の長距離レースこそ世界でただ一つのほんとうのスポーツだ」と。

ボッテッキアについては、当人が直接出てくるわけではないのだが、このマネージャーの話の中で次のように言及されている。「もしボッテチャ（ボッテッキアのこと）がパンプローナで棄権しなかったら、十分見ごたえのあるレースになったにちがいない」

このボッテッキアの棄権というのは、実際にあった話である。『日はまた昇る』自体、現実のエピソードを多分に盛り込んだフィクションなのだが、この作品を執筆中の一九二五年八月にバスク一周レースが行われており、ヘミングウェイも新聞でレースの様子を追っていたのだろう。事実、ボッテッキアは第二ステージを出走することなく棄権した。ひと月前のツール・ド・フランスで連覇を果たしたばかりのボッテッキアは、このレースでも目玉だっただけに、周りの失望は大きかったに違いない。

もうひとつ、ヘミングウェイの作品で自転車レースに言及されたものとして『武器よさらば』がある。

この作品は、若き日に自ら志願して第一次大戦時のイタリアの最前線に赴き、赤十字兵として戦場で活動した、その時のエピソードにもとづくものである。

国境付近で一進一退を繰り返していたイタリア軍とオーストリア軍であったが、ロシア革命がおこったことで東部戦線から戦力を回すことができるようになったドイツ軍がオーストリアの支援に来たことで、形勢を一気に逆転される。最新の兵器と機動力をいかしたドイツ軍の侵攻に、イタリア軍は上を下への大混乱。伊墺国境の山岳地帯から、ゴリツィアやウーディネなどフリウリの地を横切って、西へ西へと、兵士も住民たちも必死の撤退を図った。

この時の戦いでイタリア軍は四万の死傷者に加え、二五万もの捕虜を取られる結果となった（いずれも数字は諸説あり）。このとき主戦場となった「カポレット（現スロヴェニア領）」は、「パール・ハーバー」などと同じように、単なる地名以上の意味合いをのちのちまで持たせられることとなったのである。

救急車両部隊の隊長であるアメリカ人の主人公は、イタリア人の部下たちをしたがえ混乱の渦中にあったが、退却途中、裏道を抜けようとしたところで自動車がぬかるみにはまり、にっちもさっちも行かなくなった時に、こんなやりとりをしている。

部下Ａ「自転車があればいいんだがな」
部下Ｂ「アメリカでも自転車に乗りますか？」
主人公「よく乗っていたよ」
部下Ｂ「こちらじゃ自転車というと、たいしたものなんですよ」

「自転車って、まったくすばらしいもんだ」

最後のまったくすばらしい（!）セリフを口にしたイタリア人部下Bは、ヘミングウェイによってアイモという名前をあたえられているのだが、このアイモという名は実在のイタリア人選手バルトロメオ・アイモにちなんだものである。作中では、ファースト・ネームのバルトロメオで呼ばれることもある。

バルトロメオ・アイモ

バルトロメオ・アイモは、ちょうどこの作品が書かれた一九二〇年代半ばに活躍した選手で、ビッグタイトルにはめぐまれなかったため、こんにちその名が表に出てくることはまれだが、ツールでは三位が二回、ジロでは二位が一回に三位が三回と、表彰台の常連であった実力者である。ことにツールでは、当時、飛ぶ鳥を落とす勢いだったボッテッキアにいくたびとなく挑んだものの、残念ながらボッテッキアの牙城を崩すにはいたらなかった。

作中のアイモは、退却中に友軍の誤射にたおれるという、なんとも哀れな最期を遂げるのだが、実際のアイモは両大戦をくぐりぬけ、一九七〇年に八十一歳の天寿をまっとうした。

『武器よさらば』の中での自転車のやり取りもそうだが、ヘミングウェイはイタリア人たちとの会話を実にいきいきと描いている。戦場という過酷な状況下において、イタリア人の部下や同僚たちはへらず口や上層部への批判を口にしながらも、常に胸の中に希望を持ち続けているようにみえる。

ヘミングウェイ自身がなによりイタリアに惹きつけられていた証ではないだろうか。そもそも、若き日のパリ行きも知人から説得されてのもので、自身は当初イタリアに行くつもりだったという。

さらにつけくわえれば、自転車レースも同様に終生ヘミングウェイの心をとらえて離さなかったにちがいない。『移動祝祭日』の自転車レースは、室内競技が中心ではあるが、レースの様子が見事な筆致で描かれている。文豪によるロードレースの作品など、もし草稿でも見つかれば、ぜひとも読んでみたいものだ。

文中、引用は以下より
『移動祝祭日』（高見浩訳、新潮社、二〇〇九）
『日はまた昇る』（大久保康雄訳、新潮社、一九七八）
『武器よさらば』（大久保康雄訳、新潮社、一九八八）

20　イタリアを走ろう！

ロードレースファンなら、プロのレースの舞台となったコースを一度は走ってみたいと思うものではないだろうか。

いうなれば、野球ファンがヤンキースタジアムで、テニスファンがウィンブルドンで、ゴルフファンがオーガスタでプレイするようなもの。

一般人がヤンキースタジアムやウィンブルドンでプレイできるのかどうか寡聞にして知らないが、自転車の場合、現地に行きさえすれば、コッピが駆け上がったステルヴィオを、パンターニが死闘をくりひろげたモルティローロを、自分の足（自転車）で走ることが可能だ。

とはいえ、実際に走ろうとなれば、計画を立てなければならない。まず日程と予算を組まなければならないし、いざ現地を走るとなるとさまざまなハードルがあることも事実だ。

いつどこに行くか検討するのとあわせて、どのようなかたちで行くのかというのもひとつ大きなポイントだ。具体的には、個人で行くのか、あるいは旅行会社などのツアーで行くのかということだ。

ガルダ・バイク・ホテルのサポートカー　撮影　Michael Smith

個人で行くとなれば、自分の好きなところを気ままなペースで走ることができるというメリットはあるが、移動や慣れない土地でのストレス等々、走る以前に疲れがたまってしまうことも否めない。

また、万が一の事故や道迷いなどのトラブルに対処できないおそれもある。人っ子一人いない峠道でガードレール（ヨーロッパではあまり見かけないが）を飛び越えてガケ下に急降下というのもありえない話ではない。

その点、ツアーであれば移動はおまかせだし、ガイドやサポートカーもつくので、道案内や事故などのトラブル対応も安心。なにより走ることに専念できるのが大きなメリットだ。

自身でサバイバルしていくこともちろん旅の醍醐味だが、旅慣れない人や自転車に専念したいという人にはツアーを利用してはじめの一歩を踏み出すのも一考だ。

ツアーであればプランの中から行先を選ぶことになるが、個人で行くのであれば自分の走りたいコースを選ぶことができる。

個人的にはレースの舞台となったエリアでも、とくにドロミテやピエモンテ、あるいはロンバルディアなど、ジロ・ディ・イタリアの山岳コースがやはり一番のおすすめだ。

荒々しい岩峰で知られるドロミテでは、数え上げればきりがないが、マルモラーダやトレ・チーメ・ディ・ラヴァレード。それにセッラ・ロンドといって、セッラ山群周辺の二千メートル級の峠をつないでグルっと一周するコースも非常に走り応えがある。

アオスタやピエモンテなど、イタリア北西部であれば、チェルヴィーノ（マッターホルン）のふもとの村チェルヴィニアやツール・ド・フランスでもたびたび名勝負の舞台となったセストリエーレなど、雄大なアルプスの山ふところ

ガヴィア峠を登る著者、撮影、Michael Smith

を満喫できる。

ロンバルディアでは、何といってもステルヴィオ、ガヴィア、そしてモルティローロにとどめをさす。YouTubeで一九八八年のガヴィアや一九九四年のモルティローロなど、ジロの名場面を見てから現地入りすると、よりいっそうハートの火に油を注いでくれること間違いなし。

その他の地域で最近とみに注目を集めているのが、トスカーナの丘陵地帯にある未舗装自転車道ストラーデ・ビアンケというコース。直訳すると「白い道」という意味のイタリア語だが、その名の通り白い砂礫の道が美しいワイン畑やオリーブ畑をぬって走っており、これをつなげてサイクリングコースとしているのだ。未舗装路といっても日本のように粘土質のドロドロのものではなく、ワイン畑などでよく見られる石灰質のカラッとしたものなので、自転車でもさほど走りにくいということはなさそうだ。

近年はこのコースを使って「エロイカ」という、往年の自転車黄金時代へのオマージュであるアマチュア向けサイクリング大会も開かれている。この大会では、規定により自転車は鉄製の古いタイプのもの、ウェアも昔のようなウールのボテッとしたものでなければならないということで、いわば一種のコスプレ大会。皆なんちゃってコッピ、なんちゃってバルタリに扮して楽しんでいるわけだ。

「エロイカ」の開催は秋だが、大会の標識は常設されているので、いつ行ってもコースをたどることができる。ワイン畑の広がるトスカーナの丘陵を走るのは、ジロなどのコースを走るのとはまた違った魅力がある。

イタリアライドの時期としては、トスカーナを別とすれば、山岳地帯はやはり夏がベストシーズン。それでも標高の高いところでは天候によっては寒さにふるえることもありえる。防寒対策は日本の山を走るとき以上に留意すべきだ。

走行時の持ち物は基本的に国内で走るときと変わりないが、異なる点といえばパスポートと海外保険の証書は必携。雨や汗でぬれる可能性もあるので、ビニール袋などに入れておく方がいいだろう。

現地には日本のようにコンビニや自動販売機はないので、水や補給食は多めに持つ方がいい。もちろん、わざわざ日本から持って行く必要はない。現地のスーパーでミネラルウォーターや補給食になりそうなスナック、お菓子などは購入できる。余談だが、スーパーも土地柄、お国柄があって、楽しめる。

話の順は前後するが、自転車をどのように持って行くかというのも悩みどころ。そもそも自分の自転車を持って行かず、現地でレンタルという選択肢もあり。ドロミテなど夏のバカンス地では、ロードレーサーやマウンテンバイクなどもレンタル可能だ。

自分の自転車を持って行くとなると、どのように持って行くか悩ましい。いまはクッション材の入った自転車ケースなどあるので、そういったものを利用するのも手だし、段ボールも案外使い勝手がいい。以前フランス行きの自転車ツアーに参加した時には、私の自転車はハードケース（樹脂製）に入れていたにもかかわらずギアが曲がってしまうというトラブルにあったが、薄っぺらい輪行袋で運ばれた自転車はまったく支障がなかったということもあった。ハードケースに入れていると乱暴に扱われるが、輪行袋だと大切に扱われるようだ。

さて、いざ走るにあたって一番の注意点は右側通行ということだろう。日本ではいまだに逆走（日本でいえば右側通行）している自転車をよく見かけるが、イタリアをはじめとしたヨーロッパではまず見かけることはない。

交通マナーということでいえば、イタリアでは、日本で走るときのような不快感を覚えたことがない。日本では先にあげた逆走自転車をはじめ、幅寄せトラックやそこどけクラクション、すぐ横をムリヤリすりぬけていく追い越し車両など、日々ヒヤリハットにさらされながら走ることになるが、社会の成熟度の違いだろうか。

社会の成熟度の違いということでいえば、イタリアの、とくに北部の山間地を走っていると、道ばたでゴミや空き缶を目にすることはまずありえない。それ以外にも、投票意欲を減退させるような政治家のポスターや、誰もいうことを聞いていなさそうな交通安全の標語など、一切よけいなものを見かけない。目に入るのは、美しい自然と整然とした道筋のみ。

道路の違いといえば、日本の山道はつづら折りで、ひとつひとつの直線区間が短い傾向があるが、イタリアのそれはかなり長い。

これが走りにどのような影響があるかというと、まず登りでは、はるか先まで道が見渡せてしまうので、精神的にかなりつらいものがある。「まだあそこまで登らないといけないのか……」

と、そもそもそんなところを登りに来たのは誰のせいかということを棚に上げて、八つ当たりしたくなるほどだ。

登りに関してはその程度の問題（?）だが、気をつけなければならないのは下り。直線区間が長いということは、それだけスピードが出やすくなる。ことに遠くまではるか見渡せるような山岳地帯では、スピード感覚が麻痺してしまうので、いつのまにか七十キロ、八十キロといった速度になることもしばしば。

また峠道の距離も長いので、ブレーキが過熱して制動が効かなくなったりすることのないよう、下りでも適度に休憩を入れた方がいいだろう。

なにより安全と体調に気をつけることが、楽しい自転車旅行につながる。

21　イタリアの二つの側面

二十世紀イタリアにおける、いやすべての時代・すべての国をつうじて、自転車レース史上最高のライバルといえばファウスト・コッピとジーノ・バルタリだ。ともに第二次大戦をはさんでジロ・ディ・イタリアやツール・ド・フランスといった大レースで活躍し、とくに戦後は二人の活躍が敗戦国イタリアに明るい希望をもたらした。

当時、二人の存在が大きくなるにつれ、このライバル関係も社会現象といっていいほど大きくなっていった。保守派vs革新派、地方vs都会、カトリック信者vs無神論者、等々。当人同士以上に、まわりが焚きつけた。

年齢はほんの五歳しか違わず、ともに田舎のどちらかといえば貧しい出だが、人間見た目がすべてということか、少々野暮ったいバルタリは守旧派や地方の人々あるいは労働者層に支持されたのに対し、スマートなコッピは革新派や都会の知識層の共感を得るという構図であった。

いま手元に、二人のライバル関係を描いた文章がある。イタリアの作家・ジャーナリストであるクルツィオ・マラパルテによるものだ。

クルツィオ・マラパルテ、本名クルト・エーリッヒ・ズッケルトは、ドイツ人の父とイタリア人の母の間に、フィレンツェ近郊で一八九八年に生まれた。

第一次大戦に従軍したのち、ファシスト党に入党。機関誌の編集や執筆に辣腕《らつわん》をふるうが、ふるいすぎて肝心のファシズムやムッソリーニを批判することもしばしば。ムッソリーニの逆鱗にふれ筆禍を被《こうむ》り、刑務所入りや亡命を繰り返した。しかしながら彼の著書『クーデターの技術』や『壊れたヨーロッパ』は高い評価を受けている。

クルツィオ・マラパルテ

ペンネームの「マラパルテ」は、ナポレオンの名字「ボナパルト（イタリア語でBuona parte）」、これを日本語に訳すと「良い部分」という意味になるが、この意をひっくり返して、「悪い部分」という意味のイタリア語を名前にしたという。このエピソードからも相当ヒネた人物であることをうかがわせる。

そんなマラパルテによるコッピ・バルタリ評は、タイトルを『イタリアの二つの側面』と題され、一九四九年のツール・ド・フランスの開幕前に執筆されたものである。

その前年の一九四八年は、バルタリがツールで十年ぶりの優勝を飾った年であった。一言で十年ぶりというが、ツールでもジロでも十年もの間を置いての優勝というのはバルタリをおいて他にいない。そもそも、この十年というのは、いうまでもなく第二次大戦をはさんでのことであり、五年ちかい間レースのないブランク状態だったのである。

そして迎えた一九四九年のツールでは、バルタリは当然連覇を期待されて優勝候補の一人と目されていた。コッピにとっては初めての参戦であったが、すでにジロをはじめとしたビッグレースを制していたこともあり、注目の的であった。

当時のツールは現在とは違って、所属チームではなく、オリンピックのように国別対抗であった。普段は別のチームに所属しライバルとして競り合っているバルタリとコッピも、ツールではチームメートとして走らなければならない。二人が同じチームでどのような走りを見せるのか——通常同じチーム内であれば協力し合って走らなければならないのだが——これまた注目の的であった。

マラパルテによるコッピ・バルタリ評は、レース予想などではない。彼なりの批評精神がこめられている。いくつか拾い出してみよう。


バルタリは伝統と不変性を信じる人々の仲間であり、コッピは革新を信じる人々の仲間である。

バルタリは来世を信じ、天国を、贖罪を、そしてイエスの復活を信じる。

コッピは合理主義者、懐疑主義者であり、信じるものはおのれ自身のみ、すなわちおのれの筋肉、おのれの肺である。

横になったバルタリは休息をとるアスリートだが、横になったコッピは止まった機械である。

バルタリは戦争によって失われた世界のチャンピオンであり、コッピは戦争と自由主義によって生まれた世界のチャンピオンである。

バルタリの血管を流れるのは血液だが、コッピの血管を流れるのはガソリンだ。

コッピに対しては散々な書きようだが、マラパルテからしたら、このコッピ・バルタリの対比は、ひとつの素材にすぎない。

どういうことかというと、かつての最盛期においても、ファシストは大きく二つの派閥——守旧派と革新派——にわかれており、マラパルテは守旧派の急先鋒としてペンの剣を振りまくっていたのである。

ファシズムというのは、そもそも様々な反体制派の寄せ集めであった。ムッソリーニ自身、社会主義者としてそのキャリアをスタートしており、国粋主義、反共主義といった陣営を束ねて勢力を拡張していった。その過程で、内部に様々な相反する要素を抱えこんでいったのである。

革新派の代表はマリネッティをはじめとした未来派である。過去の破壊と機械化によるスピードの追及をテーゼとした運動は、合理主義、近代化の思想的指針であった。

かたや、ファシズム内の守旧派は伝統的農村社会を軸足とし、古き良きイタリア——宗教、地方、家族など——に重きをおいた。その一方でイタリアの近代化・資本主義化を否定した。その代表格がマラパルテだったのである。

　ファシズムが反体制である間は、マラパルテのようなものにも存在意義があったろうが、反体制が体制そのものになったのちには、厄介者として扱われたわけである。そういう意味で、マラパルテは純粋でありすぎたのかもしれない。

　そして、ファシズムそのものは第二次大戦の終結とともに崩壊したが、マラパルテのとなえた反近代化の流れは、現代においては反グローバリズムやスローフード運動などに姿かたちを変え、細々ながらも脈々とつながっているのである。

コッピとバルタリ

　こうして見ていくと、マラパルテが古風なバルタリの中にかつての理想を見出し、革新者コッピの中にかつての敵対勢力を見出したといっても言いすぎではないだろう。
　見方を変えれば、世の中の守旧・革新の対立が、姿かたちを変えて、争いの場を政治から自転車レースに移したとも言えるのではなかろうか。
　スマートな物言いや合理的な割り切った態度に対する反発。かたや、迷信じみた慣習や古びたものに固執する人々に対する侮蔑。対立の図式は根深いもののように思われる。
　ともかく、時代とともにある偉大なスポーツ選手は、社会の図式を映す鏡と言えるだろう。

22　イタリア最高の峠　ステルヴィオ峠

「山の峰は自然によって創られたものであるが、峠は人間によって創られたものである」

（登山史家ウィリアム・A・B・クーリッジ）

古くはハンニバルのアルプス越えを筆頭に、肖像画でよく知られるナポレオンのグラン・サン・ベルナール越えなど、アルプスの峠を制することは、覇権をねらうヨーロッパの為政者たちにとって大きな課題であった。実際、ナポレオンはイタリアに攻め入るにあたって、ハンニバルのアルプス越えを大いに研究したという。彼の命により開通・整備されたのが、セント・バーナード犬で知られるグラン・サン・ベルナール峠やシンプロン峠である。

最後の神聖ローマ皇帝、フランツ二世。彼は、アルプスを越えてオーストリアに攻め入ったナポレオンによって神聖ローマ帝国を消滅させられ、さらには娘まで奪われたわけだが（長女マリー・ルイーズはのちにナポレオンの皇后となる）、そのナポレオンへの対抗心からか、フランツ二世は新たに自国の領土に編入されたミラノへダイレクトに通じる峠道の建設を命じた。ロンバルディア州の最北端、スイス国境近くを通るその峠が、こんにちジロ・ディ・イタリア最高の舞台とされるステルヴィオ峠である。

ステルヴィオ峠は標高二七五八メートル。ヨーロッパ・アルプスで自動車や自転車の通過できる峠としては、フランスのイズラン峠に次いで二番目に高く、* イタリアでは最も高い峠である。峠へ至る道は三本。東はボルツァーノから、西はボルミオから、さらに北側のスイスからも道が開かれている。いずれも麓からの距離は約二〇キロ。標高差はボルミオ側で一三〇〇メートル超、ボルツァーノ側は一八〇〇メートルを優に超える。

＊フランスのボネット峠が、峠としての標高は二七一五メートルだが、道の途中で二八〇二メートル地点を通過している。

ベルナール峠からアルプスを越えるボナパルト

工事は一八二二年に始まり、驚くべきことにわずか三年後の一八二五年に完成した。

工事を担当したのはカルロ・ドネガーニという技術官であった。彼はすでにいくつかの土木工事で実績があり、ステルヴィオの大役を任された。この難工事を見事やりとげたドネガーニは、フランツ二世のおぼえよろしく、数々の叙勲を受けることとなった。

ステルヴィオの開通した十九世紀前半は、自動車はまだ実用化されてない時代。交通手段の主流であった馬車が通ることができるよう、斜度は基本的に一〇%までにおさえられた。一説には大砲を引っぱるためでもあったといわれる。雪深いこの地では、冬にはそり馬車で峠を越えていた。

ステルヴィオが初めてジロの舞台となったのは一九五三年。この年、ファウスト・コッピがジロ・ディ・イタリア五勝目をなしとげ、アルフレード・ビンダの勝利数に並んだ。そして、これがコッピ最後のジロ優勝となる。

当初この年のジロで絶好調だったのは、スイス人レーサー、ユーゴ・コブレであった。コブレは、すでに一九五〇年のジロでバルタリをおさえて総合優勝を果たしていた(この年コッピは不出場)。イタリア人以外では初めてのジロ総合優勝であった。

一九五三年のジロで、コブレは第八ステージで総合トップに立つと、ドロミテを越える第一九ステージまでトップをキープしていた。最終ゴールのミラノまで、残りはわずか二ステージ。こ

ステルヴィオ峠を登るコッピ

の時点で二位のコッピとのタイム差は約二分。山岳コースであれば逆転も可能なタイム差ではあったが、それまでのコブレの走りっぷりから、総合優勝はまず間違いないものと思われた。なにより当のコッピがすでにあきらめムードで、第一九ステージのゴール後には「ジロは終ったよ。コブレの勝ちさ」と敗北宣言するほどであった。

そして迎えた第二〇ステージは、ボルツァーノからボルミオまで、ステルヴィオ峠を越える大舞台。最終日は慣例として凱旋パレードとなり、本気のレースは行われないので、実質このステージが最後の勝負どころとなる。

勝利をほぼ確信して美酒に酔いしれたのか、総合優勝を目前にして気持ちが高ぶっていたのか、コブレは前夜あまりよく寝られなかったようだ。腫れぼったい目を隠すためサングラスをしていたものの、いつもと違うコブレの様子に感づいたコッピのチームスタッフが「写真を撮らせて！」とかうまいことを言ってサングラスを外させ、その眠たげな目を確認した。そして、コッピに「今日はいけるぞ！」とささやいたのである。

メラーノからステルヴィオの登りにかかるころには、先頭は有力選手に絞られていた。コッピ、コブレ、それに老兵バルタリ、フランスの若手デフィリップら。

ここでデフィリップが飛び出した。彼は総合成績では数十分の差があるので、本来先行させても問題のない選手。しかしながら、コブレは寝不足のせいで判断力がにぶっていたのか、無理に追う必要のないデフィリップをムリヤリ追いかけた。のちにデフィリップが語るところでは、後ろから追ってきたコブレは、かなり息が上がっていたという。

そんなコブレの様子を見てとって、今度はコッピがアタック。二人を追い抜き、そのままペースをたもってステルヴィオを駆け上がった。

ゴールのボルミオでは、コブレに三分以上の差をつけてゴール。総合成績でもコブレを逆転した。

この日コッピがステルヴィオを登る雄姿は、自転車レースのもっとも美しいアイコンとして、広く永く人々の目に触れることとなった。

このジロで五勝目をあげたコッピであったが、以降は成績も振るわず、また既婚女性とのスキャンダルにより社会的にも厳しい状況に置かれることとなった。余談だがまだカトリックの価値観の厳しかった時代、不倫に対する世間の目は現代の比ではなかったであろう（現代の日本もある意味厳しいが）。

そして、七年後の一九六〇年、アフリカで感染したマラリアにより、わずか四十歳で命を落としたコッピ。晩年はつらく厳しいものであったかもしれないが、戦後、彼の活躍がイタリア人の心を勇気づけた、その功績はけっして色あせるものではなかった。

彼には最高のチャンピオン〝カンピオニッシモ〟の称号が授けられ、その後ジロで通過するもっとも高い峠は〝チマ・コッピ（コッピの峠）〟として、トップで通過した選手には特別にポイントが与えられることとなった。彼の最後の活躍の舞台となったステルヴィオ峠を通過する際は、このイタリア最高の峠に〝チマ・コッピ〟の名が冠せられることになる。

二〇一六年夏、ふもとのボルミオに滞在し、ステルヴィオをはじめ、ガヴィアやボルミオ二〇〇〇など、ジロの舞台となった峠を堪能してきた。

ボルミオには、世界中から自転車乗りがジロの名舞台めざして集まってくる。街中でもステルヴィオを駆け上がるコッピの件の写真をしばしば見かけるし、自転車乗り向けにガイドツアーやレンタサイクル（もちろんロードバイクの）などのサービスを充実させたホテルもそこかしこに見受けられる。

ステルヴィオへのルートは、まず街の中心部の大きなテルメの前を通って、登りにさしかかる。コース上にはカーブの数と頂上までの残り距離が表示されているので、ペース配分の参考になる。

道は片側一車線で路肩も広く取られており、路面も比較的なめらかなので、自転車でも走りやすい。斜度も、先に書いたように馬車向けに一〇％までに抑えられているので、一定ペースで走れば完走はまず問題なし。一か所だけ一四％となる部分があるが、ご丁寧にも道の上に白墨で「一四％」と大書きされていた。

大勢のサイクリストが登っているので、抜きつ抜かれつ、ときにはペースのあう者どうし、ひとときのチームメートになったかのように足なみそろえて走るのも、この世界的に有名な峠ならではの楽しみだ。

中間部では斜度がゆるむところもあるが、最後の頂上直下がまた厳しい登りとなるので、ゆるいからといってあまり飛ばしすぎるとコブレのようにツケを払うことになるだろう。これだけの標高になると酸素も薄く、呼吸がつらい。

頂上には大勢のサイクリスト、サイクリスト以上に多くのオートバイ乗り、それに自動車で来ている旅行者も多く、ごった返していた。土産物屋やカフェもあり、ちょっとした観光名所だ。正直あまり落ち着けるような所ではない。標高二七〇〇メートルを超える峠のてっぺんは夏場でも半そでジャージでとどまるにはつらいものがある。

　せっかくなので、コッピの駆け上がったボルツァーノ側（東側）の斜面も登ってみた。とはいえ、それほどの足も残っていなかったので、頂上から五キロメートルほど下って、登り返しただけだが。西側の明るく開けた雰囲気とは異なり、東側は氷河の山々に囲まれているせいか、あるいは旧オーストリア帝国の残影のせいか、どことなく

ステルヴィオ峠の西面　著者撮影

重苦しい雰囲気であった。

写真ではつづら折りのインパクトが強く、かなり厳しい登りにみえるが、もちろんこちら側も一〇％に抑えられているので、見た目ほどのインパクトはない。木々に囲まれて一見おだやかな様相を呈しているモルティローロの方が、よっぽど厳しかった。

ステルヴィオで一番のごちそうは、ボルミオへのダウンヒルだ。明るく見晴らしの良い斜面を下っていくのは最高の気分であった。ここはコッピがコブレとの差をさらに広げようと、必死にペダルを回していた下り坂だ。コッピの残影を感じつつ、ボルミオの街に戻った時には、充実感でいっぱいであった。

23　歌の中の自転車レース

昔の自転車レースのことを調べるのに大いに役に立っているのはYouTubeなど、動画サイトの存在だ。古くは第一次大戦前後のジラルデンゴやビンダの時代から、コッピやバルタリなど、往年の名選手たちが実際に走っている様子を見ることができるとは、ひと昔前なら考えられないことだ。

昔のレース映像を見ていて気がつくことのひとつに、観客たちの「お行儀の良さ」がある。田舎でも男性はみな着帽、ジャケットなどでおめかしして、いうなれば自転車レースが「ハレ」の日の催しだったことがうかがえる。今はほとんどTシャツ、短パンだ。

それに、沿道の観客たちの立ち並びも整然としたものだ。こんにちのレースでは当たり前にみられるような、押し合いへし合いし、選手の進路を妨害したり、カメラやスマホをつきだしたりなどの危険行為は皆無だ。

イタリア人に聞くと、次のように話してくれた。

「昔と今とでは、教育が変わってしまったんだ」

「それに、昔は自転車レースにたいして、みんな尊敬の念を持っていたんだよ」

かつてはサッカーと人気を二分するほどの存在だった自転車レース。サッカー選手がどちらかといえばお高くとまった存在であったのに対し、自転車選手は親しみやすく身近な存在だったという。

物理的にも数十センチも離れていない、手を伸ばせばさわれるほどのすぐ目の前を選手たちは走っていく。心理的にも近しく気さくな選手たちは、それだけに尊敬の念も抱ける対象だったのだろう。

動画サイトでは脇に関連動画というのが表示される。見ると、コッピやバルタリが歌の題材になっているものもある。

まずはファウスト・コッピの歌を見てみよう。歌うのはイタリアの人気シンガーソングライター、ジーノ・パオリだ。

世界に立ち向かう自転車小僧
イゾアールに立ち向かう自転車小僧

さらに高みへ
高みへと

苦難から身を起こし、ダートから身を起こし
変わることのない、沈黙の苦難
さらに高みへ
高みへと
ジロで五勝
ツールで二勝
世界選手権では四勝
タイムトライアルで二勝
神秘的な目と風を切り裂く鼻
コースを見つめる漆黒の真剣なまなざし
（……）

コッピの曲調がどこか悲しげなのにたいし、バルタリの方は底抜けに陽気だ。それぞれの人生やキャラクターをあらわしていて、なんとも興味深い。こちらもイタリアの人気シンガーソングライターであるパオロ・コンテが歌っている。

このサンダルでどれだけの道を歩いてきたか
バルタリも、どれだけの道を走ってきたことか
のぼり坂のような、かなしげな鼻をして
（……）

ジラルデンゴとポラストリ（TV ドラマ「悪党とチャンピオン」より）

歌の内容は、バルタリその人を歌っている部分はごくわずかで、バルタリの応援にツール・ド・フランスを観に行ったカップルが痴話げんか（？）をしているという内容なので、自転車ファン的には歌詞自体はそれほど面白いものでもなく、また意味を解釈するのも難しいのだが、フランス人の観客たちをこきおろしているのがいかにもだ。（そのへんは放送禁止用語だらけのため割愛）

ユニークなのはジラルデンゴの歌。こちらはタイトルが「悪党とチャンピオン」となっている。悪党とは、ジラルデンゴと幼なじみの、義賊にして無政府主義者であったサンテ・ポラストリという人物のことである。

ジラルデンゴとポラストリは、ともにピエモンテ州ノーヴィ・リーグレの生まれで、年の差は六歳。はっきりしたことはわかっていない

が、幼いころから遊び仲間だったそうで、一緒に自転車に乗ることもあったようだ。

ジラルデンゴが自転車乗りとして一流になったのにたいし、ポラストリはいつしかすさんだ生活を送るようになり、警察に追われる身となった。イタリアだけでなく、フランスでも強盗などの犯罪に手を染めたが、狙うのは金持ちや高級宝飾店などの上流階級ばかりで、貧しい人たちには盗んだ金品を分け与えたりしていた。いうなればイタリア版ロビン・フッドだ。

パリに逃亡したポラストリは、現地でレース中のジラルデンゴと会ったりして、のちに裁判にかけられたときにはジラルデンゴが証人台に立ったこともあったという。

ふたりのエピソードは本となり、のちにドラマ化された。そのときに作られたのが、こちらの歌である。歌うのはイタリアン・ポップスの雄フランチェスコ・デ・グレゴーリだ。

行けジラルデンゴ、行け偉大なチャンピオン
誰も追いつくことはない
行けジラルデンゴ
もはやサンテ（ポラストリ）も見えやしない
アタックすればカーブの向こうに距離もひらく
サンテがいるぞ、手にピストルを握って
（……）

最後は、近年もっとも人気のあった自転車選手マルコ・パンターニに捧げられた歌。タイトルは「そしてペダルの上に立ちあがる」。

そしていま僕はペダルの上に立ちあがる
子どもの頃のように
庭の柵から飛び立つのさ
おじいさんがなにも言わずに待っていてくれた
なぜなら、ぼくと自転車は一体だから
（……）

パンターニに続く「歌に歌われるほどの自転車選手」が出てくることを願うばかりだ。

24　一本足の自転車乗り

「失われたものを数えるな。残されたものを最大限に生かせ」

これは、パラリンピックの創始者、イギリスのルートヴィヒ・グットマンの言葉である。

第二次大戦後、時の首相ウィンストン・チャーチルの命により、傷痍軍人のためのリハビリ病院の所長となったグットマンは、リハビリ活動の一環として、車いすのスポーツ大会を一九四八年からスタートさせた。

この大会は一九六〇年にはオリンピックと同じくローマで開催され、のちにこの大会が第一回のパラリンピックと認定された。ちなみに、パラリンピックという言葉が使われるようになったのは、ローマの次の一九六四年東京大会からである。

ローマ大会では二三か国四百人の参加であったものが、二〇一二年のロンドン大会では一六四か国四千人を超える規模へと広がっていった。冒頭のグットマンの思想が広がってきた、その賜物だろう。

第一回パラリンピックからさらにさかのぼること半世紀余り、二十世紀初頭のイタリアに片足を失いながら活躍した自転車乗りがいた。

一八八二年ローマで生まれたエンリコ・トーティは、父親が鉄道員だったこともあり、自身も鉄道員の道へと進んだ。

鉄道員として働いていたある日のこと、機関車の注油作業中の事故で、片足をほぼ付け根から切断する災難に見舞われた。

足を失い、さらにこの事故により仕事まで失ったトーティであったが、グットマンの言葉そのままに、失われたものを数えず、残されたものを最大限に生かす人生を歩んだ。

事故から二年後には、足を一本失ったハンデをものともせず、自転車にまたがりローマを起点にした長距離レースに参戦。不屈の精神を示した。

エンリコ・トーティ

当時はまだ義足というものがなかったのか、トーティは右足一本でペダルを踏んでいた。トレーニングの一環で片足だけでペダリングをすることもあるが、これはあくまでピンポイントのトレーニングである。
片足だけで何時間も何日間も自転車に乗るのが並大抵の苦労でないことは、日ごろ自転車に乗っている人ならおわかりになるだろう。推進力は二

本足の半分、さらにバランスを取るのにひとかたならぬ労力がついやされる。トーティの写真を見ると、器械体操やレスリングの選手かと見まがうようなガッシリとした上半身に目がいく。

レースの後には、ヨーロッパ周遊の旅に出た。まずローマからミラノを経由してパリをめざし、ベルギー、オランダを通って、デンマークからさらにフィンランドまで足をのばした。そこからさらにロシアからポーランドに入ったところで自転車の不具合により帰国せざるをえなくなった。その間、約一年にわたるツーリングであった。自転車の不具合さえなければ、アジア横断まで考えていたというから、なんともすごいヴァイタリティーである。

旅の途上では、自画像の絵ハガキを売ったり、道ばたで似顔絵を描いたりして路銀を稼いでいたというから、多才な人だったのだろう。

帰国の翌年には、こんどは南をめざし、エジプトをへてスーダンへ。しかしながら、今回は当局に「これ以上先は危険」と足止めされ、強制送還の憂き目にあった。

そうこうしているうちに、ヨーロッパでは第一次大戦が勃発。イタリアも一九一五年に参戦した。

トーティという人は、もともと愛国的パッションを多分に持っていたようで、参戦が決まると、あちこちの部隊に志願の手紙を送った。しかし、残念ながらというべきか当然というべきか、片足を失った身では、どこからもなしのつぶてであった。

そこで、トーティは自転車でフリウリの最前線に乗り込み、なんとか非正規兵としてもぐりこんだ。しかしながら、憲兵に見つかってしまい、ローマに帰されることとなった。

LA DOMENICA DEL CORRIERE

L'eroica fine del mutilato fiorico Toti: ferito per la terza volta, si alza e scaglia la sua gruccia contro il nemico in fuga.

(Disegno di A. Beltrame)

しかし、これくらいのことであきめるようなトーティではなく、翌年にはどのような経緯か不明だが、アオスタ公のとりなしを受け、彼の率いるイタリア陸軍の第三軍団に義勇兵として入隊することとなり、ここでベルサリエーリという、いわゆる特殊部隊に配属されることとなった。

ベルサリエーリは、辞書などを引くと「狙撃隊員」とあるが、実際の任務は諜報や伝達、側面支援など非常に幅広く、将棋の香車や桂馬のような存在である。その歴史はイタリア統一期に始まり、帽子やヘルメットに鳥の羽根かざりをつけた粋なスタイルは、現在のイタリア軍にも引き継がれている。

ベルサリエーリの部隊には偵察や情報伝達のための自転車部隊もあり、トーティもその一員となった。

第一次大戦は十九世紀から二十世紀にかけて開発された新技術――航空機、戦車、潜水艦等々――が初めて投入された戦争であったが、自転車もそのひとつであった。とはいえ、自転車自体には攻撃能力も武器搭載能力もなく、騎馬のように大量に実戦投入できるようなものでもなかったので、どちらかといえば小回りのきく偵察や伝達で重宝された。後年の日本軍では「銀輪部隊」と名付けられる部隊も生まれた。

イタリアでは、国を代表する自転車ブランド、ビアンキがメイン・サプライヤーとなり、ベルサリエーリ部隊に自転車

折り畳み自転車をかついだベルサリエーリ

を供給した。その中には、山岳地帯でも持ち運びしやすいように、折り畳み式の自転車もあった。

さて、念願かなって徴用されたトーティだが、最前線のゴリツィアでの戦いで命を落とすこととなる。銃弾を何発も受けながらオーストリアの陣地に立ち向かい、最後は自らを支えてきた松葉づえを敵軍に投げつけて事切れた。

トーティの獅子奮迅ぶりは新聞の一面を飾り、彼の最後の勇姿である松葉づえを投げつける姿の銅像が建てられた。各地に彼の名を冠した「エンリコ・トーティ通り」が設けられた。

最終的には悲劇的な最期をとげたトーティだが、身にふりかかった障害に屈することなく、夢と情熱とエネルギーを燃やし続けた一生であった。

25　アシスト選手の悲哀

イタリアを代表する児童文学作家ジャンニ・ロダーリの作品に、自転車レースをあつかった詩がある。タイトルは「アシスト選手 "Il Gregario,"」

アシスト選手のわらべ歌
プロレタリアートの自転車乗りさ
給仕のごとく　エースのために
身を粉にし
栄光もなく
エースの勝利に身を捧ぐ
ゴールに着いても 拍手もなく

歓声もなく
わずかな稼ぎは
家族を食わすのにやっとこさ
年をとったら
自転車の店か
エスプレッソ・マシンを置いて
ちっぽけなバールをひらくのが関の山

(Il Gregario, 1960, in Gianni Rodari, *Filastrocche in cielo e in terra*, Edizioni EL, 2016)

グレガーリオ "Gregario" という言葉は、もともとは「手下」や「兵卒」といった意味合いだが、イタリア語の辞書を引くと、「サイクリングチームのメンバー」という訳もちゃんと書かれている。イタリアでは、それだけ自転車競技に関する語彙が一般化していることのあらわれだろう。

さらに辞書を見ていくと、すぐ近くに "Greggia" という単語が見当たるが、こちらは「羊の群れ」あるいは「群衆」といった意味が記されている。

ちなみに、フランス語では一般にエキピエと呼ばれ、イタリア語のグレガーリオ同様「チームのメンバー」という意味合いだが、他にドメスティークという呼び名もあり、こちらは「使用人」あるいは「下僕」といった意味合いで、かなり差別的なニュアンスが含まれるようだ。

このドメスティークという呼び名、そもそも、まだアシスト制度が禁止されていた、すなわち一人ひとりがまともに風を受けて独力で走らなければならないとされていた時代に、金で買われて他の選手をアシストするようになった選手たちを、悪しざまに「この下僕めが！」とののしったのが事の始まり。そのため侮蔑的なニュアンスが被せられるようになってしまったそうで、あまり気安く使える言葉ではなさそうだ。

第二次大戦前の自転車レースは現在のようなチーム戦ではなく、基本的に「個人の力くらべ」という考え方にのっとって行われていた。国やレースによって考え方や運用はまちまちではあったが、とくにこの考え方を強く推し進めていたのが当時（そして現在も）最大の自転車レースであるツール・ド・フランスであった。

ジャンニ・ロダーリ

ツールでは、風よけのアシスト選手を使うことはもちろん、ギアチェンジのできる自転車の使用も「機材に頼った軟弱な行為」として、長らく禁止されていた。

そのような当初の理念も、自転車レースの近代化とともに大きく変わっていった。

機材の進化などは、選手たちからの要求はもちろんのこと、メーカーサイドからの圧力もあっただろう。新しい機材をツールやジロなどのビッグ・レースに投入することは、マーケット拡大を狙うメーカーとしては、最重要課題だったはずだ。

風よけのアシストはどうだろう？　これもいろんな側面があると思うが、「レースが、はたから見て楽しめるかどうか」という面も多分にあるのではないかと思う。一人ひとりが黙々と走っているより、集団走行により高速化したレースの方が傍目にも映える。とくに第二次大戦後に始まったテレビ中継は、この傾向に拍車をかけたことだろう。

もちろん、当の選手たちも、四六時中まともに風圧を受けて走るより、少しでも楽に走れる方が、ことに何日間も走り続けるツール・ド・フランスやジロ・ディ・イタリアなどでは、大いに助かったはずだ。

ともかく、一人で何日間も何百キロも走り続けて独走勝利できるような選手はいまだかつていなかったわけで、コッピやメルクスなど、どれほど強い選手であってもアシストの助けなしにツールやジロに勝つことはできなかった。かくしてレースの近代化とともに、下層選手グレガーリオもシステム化されていった。

あるアシスト選手の父親が語った言葉がある。少々長くなるが、書き記したい。

勝利選手ばかりが一般の関心を呼び、注目の的になる。これはどんなスポーツにも特徴的なことだ。しかし私は労働者が大好きだ。勝ち目のない選手、エキピエが大好きなんだ。偉大な選手は弱小選手がいなければ存在し得ない。トップ選手が、とりわけツールのようなレースでは、どんなに保護されているか、一般大衆が理解しているとは思えない。（中略）山の上で二時間か三時間待っていると、先頭で何が起こっているかを目撃するのも楽しいが、後ろから来る哀れな連中がもがく姿を見るのも……私はそうした連中の方に共感を覚えるんだ。何しろやつらは人一倍苦労しているんだ。（中略）彼らが見えると、何とかタイム・リミット以内でゴールしてくれ、と祈りたくなる。まあ、実際、まったく過酷なスポーツさ。

（『ツール・ド・フランス物語』より）

ここで語られる心情は、たんに自分の息子がアシスト選手だからというだけではなく、ひとりのレース・ファンとしての気持ちを率直にあらわしたものだろう。

なかでも「私は労働者が大好きだ」という言葉は、冒頭で紹介したロダーリの詩の中にある「プロレタリアート」と符合する。ロダーリ自身も、トップ選手の華やかな活躍以上に、アシスト選手たちの地味で報われない努力に共感を覚えていたに違いない。それにしても、プロレタリアートの自転車乗りとは、いかにも共産党員でもあったロダーリらしい表現だ。

ロダーリは、単なる左系言論人であっただけでなく、第二次大戦中にはレジスタンスに身を投じた、筋金入りの活動家でもあった。ロダーリに限らず、イタリアでは左右を問わず、有言実行・言動一致の知識人が多い。

右で有名なところでは、作家のガブリエーレ・ダンヌンツィオが志願して軍に入隊し、「未回収のイタリア」であったフィウーメに兵を率いて一時占拠したりした。日本に当てはめれば、右

レース終盤、疲労困憊のアシストたち　著者撮影

系言論人が義勇兵を率いて尖閣諸島や北方領土に乗り込むようなものか。事の是非は別として、日本の知識人とは骨の太さが違うのである。ちなみに、作家の三島由紀夫が、ダンヌンツィオの信奉者であったといわれる。

ロダーリは、戦後になると文学を通じて児童教育に力を入れた。冒頭で紹介したわらべ歌も、子供むけの詩集に書かれたものである。

裏を返せば、イタリアの子供たちは自転車のアシスト制度、ひいては自転車レースのなんたるかを、小さいころから、程度の差こそあれ、理解しているということだ。

メジャーレースや最新の機材、それにハウツー情報（いずれも表層的なこと）ばかり追いかけている我々日本のにわか自転車ファンとは、これまた骨の厚みが違うのである。

26　根付くということ

これまでイタリア自転車旅をしてきて一番驚いたことといえば、モルティローロ峠の斜度のきつさでもガヴィア峠のえんえんと続く坂道でもなく、またコモ湖やガルダ湖の週末ライダーの多さでもなかった。では、何が一番の驚きだったかというと、スーパーマーケットで自転車雑誌が普通に売られていることであった。それも一誌だけでなく、四誌も。

郊外の、なんてことのないごく普通のスーパーで、ファッション誌やゴシップ誌それにサッカー誌などと並んで、いたって当たり前の顔をして自転車レースやヴィンテージ自転車の雑誌が並んでいたのである。そういえばレジのおばちゃんもごく当たり前の顔をして、自転車雑誌を買う東洋人に接してくれた。

さすがにサッカー誌には数で負けていたものの、それでも一定数の講読者数が見込めなければ、これほどの冊数が流通することもないだろう。しかもヴィンテージ自転車の雑誌なぞ、いったい誰が読むんやねん⁉　とつっこみたくなるマニアックな品ぞろえである。

簡単に紹介すると、「チクリズモ CICLISMO」（左上）は総合誌で、プロレースから機材まで幅広い内容。「ビチクレッタ Bicicletta」（右上）はコアなアマチュア向けのようで、アマチュア向けレースやトレーニングなどが主な内容となっている。「トゥット・ビチ TUTTO BICI」（左下）はプロレース情報主体で、おっかけファン向けか。「ビチクレッテ・エポカ Biciclette d'epoca」（右下）はヴィンテージ自転車の雑誌。レストア情報なども充実していて、単に鑑賞するだけでなく、実際に乗り回したいという人たちのニーズにも対応している。エロイカなどに出る自転車乗りがターゲットだろうか。

雑誌の傾向がいろいろと分かれていることは、ターゲットとなるサイクリスト市場も同様に分かれていて、しかもそれぞれ雑誌が売れるだけの市場規模があるということだ。日本でいくら自転車がブームになりつつあるとはいえ、まだまだ考えられないことだ。

以前ツール・ド・フランスを見に、フランスを訪れたときのこと。山岳地帯のレースを何日かハシゴしたが、まだ陽が登る前にホテルを出発し、コースの麓でバスを降りて山道を登っていく毎日だっ

スーパーで売られていた自転車雑誌

た。そうしないと、選手たちが通過する何時間も前にコースが封鎖されるので、観戦ポイントにたどりつけないのだ。

何キロも坂道を登って、適当なところでレースを待つことにする。選手たちがやってくるのはまだまだ数時間も先というのに、周りにはすでに何グループもの観客が三々五々と待っている。

その顔ぶれというと、サイクリングを趣味としているような、いかにも自転車乗りといった風体の人はごくひとにぎりで、大半はごく普通のおっちゃん・おばちゃん、あるいは家族連れといった雰囲気。七月に行われるツールは、まさにフランスのバカンスシーズンの風物詩である。

そんな彼らは、レース以上に、選手たちが通過する前にやってくる「キャラバン・カー」がお目当てだ。これは何かというと、ツールのスポンサー企業が出している宣伝カーで、お菓子や販促物などの自社製品を沿道の観客たちに配ってくれるのである。グッズがばらまかれると、大人も子供も関係なく取り合いになって、その盛り上がりはレース以上だ。

実際、本番のレースで盛り上がっているのは一部のコアなファンくらいで、大半の観客たちはまるで祇園祭の山鉾巡行でも見物しているような風情で、選手たちを眺めているのである。

そもそも、レースで盛り上がるような激しいアタック合戦など、そう頻繁にあるわけでもなく、あったとしてもトップ争いをしているひとにぎりの選手たちだけだ。ほとんどの選手たちは淡々と目の前を通り過ぎていく。

当時はランス・アームストロングの全盛期で、アメリカの応援団がフランスの地に大勢押しかけていた。彼らは必ずといっていいほど星条旗を手にしたり、ランスのチームのウェアを着てい

淡々と走る選手たち　著者撮影

たりするので、はたから見てもすぐわかるのである。そんなアメリカ人たちに対し、ヨーロッパ人たちは、祇園や嵐山に溢れかえる外国人観光客《インバウンド》を眺める京都人のような視線を送りつけていた。

　さて、スーパーでの雑誌販売といい、ツールの観客といい、「ごく普通」がキーワードだ。自転車レースがごく普通の生活に根付いている。

「ヨーロッパでは、自転車は文化である」。

　よく言われるフレーズである。では「文化」とはなんぞや、である。

　ひるがえって日本に置き換えると、例えば相撲が「国技」とよばれ、日本文化のひとつとみなされている。日本人であれば誰でも知っているし、テレビで取組を目にしたり、ニュースを耳にしたりしているものだ。これは、実際にその競技をやったことのあるなしに拘《かかわ》らずで、むしろ家や学校で遊び半分でやるのを別にすれば、実際に土俵に上がって相撲をしたことのある人なぞ、ごくひとにぎりだろう。社会的認知があること。そしてリスペクトがあること。これが「文化」とみなされる所以だろう。

言うはやすしだが、築き上げるには一朝一夕というわけにはいかない。歴史の積み重ねと、社会的に受け入れられるための活動、ことに情報発信が大切であろう。

かの地での自転車レースを考えるときに、対比として思い浮かべるのが、日本の駅伝だ。とくにテレビ中継についてである。

正月はたいていテレビで駅伝中継を見ているが、箱根駅伝の盛り上がりに対し、元旦の実業団駅伝のさみしいこと。

レースの質でいえば、実業団の方が格上のはずだが、この格差はなにゆえか？　全国からよりすぐったトップレベルの大会が、一地方の学生団体の大会に圧倒的な差をつけられているのである。野球でいえば、プロ野球が東京六大学野球の後塵を拝しているようなものだ。

まずひとつには、歴史の違いというのもあるのかもしれないが、それでも実業団の方も一九五七年の創設からすでに六十年以上続いているのである。（箱根駅伝は一九二〇年創設）。

あるいは、開催地の違いも格差の要因だろうか。箱根駅伝が都心からスタートして湘南や箱根といった人気スポットを通るのに対し、実業団駅伝は群馬の片田舎だ。

とはいえ箱根駅伝も、四〇年ほど前に私の家族が箱根方面に観戦に行っていたころの話を聞くと、今ほどの混雑ぶりでもなく、これだけの人気を博すようになってきたのは、やはりテレビ中継が大々的に行われるようになってからのようだ。ちなみに、日本テレビが箱根駅伝の全国ネット放映を始めたのが一九八七年である。

ただ、全国ネットの放映ということでいえば、実業団駅伝も同条件だ。視聴率を見てみると、実業団駅伝の一二・四％に対し、箱根駅伝は二九・七％と、圧倒的な差だ（数字はいずれも二〇一八年、ビデオリサーチ調べ）。これほどの差はどこから生まれるのだろう？

個人的見解だが、これはコースの景観と、それを活かした映像の力が大きいのではないだろうか。

都心から湘南の海岸に出て、海沿いを走り、箱根の山に突入していく。選手の目指す先には常に富士山がそびえている。その映像を、地上から、山上から、そして上空からと、さまざまな変化をつけて、選手たちの走りとともに届けてくれる。

選手の走りもさることながら、スペクタクルに富んだ映像を視聴者は求めているのではないだろうか。そんな素晴らしい舞台に実際に足を運んで生で観戦したいと願うのは、自然な流れだろう。

ヨーロッパの自転車レースでも、アルプスやドロミテなどの山岳地帯、地中海や大西洋などの海辺の景色、ローマやパリなどの歴史ある街並み等々、素晴らしい景観をこれでもかと届けてくれる。

あたかも「景観の力は国力に比例する」とでもいわんばかりに、自転車レースの映像を通じて、自国の素晴らしさを世界に発信している。ここで言う国力とは、もちろんGDPや軍事力といった、次元の低い話ではない。

そして、箱根駅伝でもそうだが、ツールやジロでも、必ずといっていいほど過去の歴史的名場面の映像を流している。

時代を彩った選手たちの、時には華々しく、時には過酷な戦いの様子をアーカイブとして見せることで、先人たちに対するリスペクトをあらわし、ひいては視聴者にもレースに対するリスペクトを植え付けるのだ。

27　チャンピオンを作り上げた男

突出した才能は、ともすれば天からの贈り物か、あるいは自力で地面から芽を出してきたかのように見えがちだが、実際には彼ら彼女らを発掘し育てた人たちとの出会いがあってこそ開花したものだろう。プロデューサーやいわゆる生みの親というのは、ほとんど表舞台に出てくることがないので、その存在を意識することはまれだが、彼らがいなければ、すぐれた才能も埋もれたままであったはずだ。

この一文を書いていたころ、歌手の安室奈美恵が引退したこともあって、これまでのキャリアが紹介された記事をしばしば目にしたが、その中でもとくに印象的だったのは、彼女を発掘した沖縄アクターズスクール校長との出会い話だ。

友達のオーディションに付き添いで来ただけのおとなしい女の子。しかしながら彼女の持つ「何か」を感じ取った校長のマキノ氏は、すでに家に帰ろうとバス停に立っていた安室奈美恵を追いかけ、スクールに入るよう声をかけたのがデビューのきっかけという。

彼女の持つオーラがマキノ氏の目をひきつけたのだろうが、やはりマキノ氏が見る目を持っていたからこそであろう。

至高のチャンピオン、ファウスト・コッピを見出し育てたのは、ビアッジョ・カヴァンナという男であった。ただ、カヴァンナが他の生みの親たちと異なるのは、目が不自由であったということだ。見えない眼でコッピの中に何を見出したというのだろう?

カヴァンナは、生まれもコッピと同じくピエモンテ州ノヴィ・リーグレであり、同郷の初代カンピオニッシモであるコスタンテ・ジラルデンゴもカヴァンナの指導を受けた選手の一人であった。

若いころは目も問題なく、ボクシングや自転車競技に打ち込んでいたものの、アクシデント(一説によると塵埃によるもの)で視力を失ってしまう。

しかしながら視力を失った後も自転車競技への情熱は冷めやらず、マッサージャーとして、そして指導者として、イタリア自転車界の発展に寄与していった。

今でこそ日本でもスポーツ・マッサージの有効性が認められて、プロやトップアマなどでも導入されているが、ヨーロッパの自転車競技においては早くからその重要性が認められていた。レース前にはウォーミングアップのために、そしてレース後には疲労回復のために。ことに何

コッピを祝福するカヴァンナ

日も続けて開催されるステージ・レースでは、疲労回復は最重要課題であり、食事とならんで翌日のレースに備えるために、なくてはならないものだ。また、普段の練習時にも、より質の高い練習に取り組むため定期的に行われている。

マッサージャーは選手たちと日常的に接し、体調なども文字通り手に取るようにわかるためだろう、選手たちにとってはよき相談相手、アドバイザー的な存在だ。マッサージャーの多くは元選手でもあるので、気安い先輩として、直属の上司ともいうべき監督やエースにはなかなか話せないようなことも相談できるのではないだろうか。

他にもマッサージャーの役割として、レースの前には補給食（パニーノなど）を作ったり、レースが始まれば先回りして選手たちに水やサコッシュ（補給食を入れた袋）を渡したりと、朝早くから夜遅くまで大忙し。黒子的な存在ではあるが、縁の下の力持ちとして、チームになくてはならない存在だ。

カヴァンナは「導師」と呼ばれ、当時からカリスマ視されていたが、体に触るだけで選手の体調はもちろんのこと、素質や将来性まで見きわめることができたという。

また、当時はまだテレビ中継もなく、レースの展開を把握するのはなかなか難しい状況であったが、カヴァンナはいまコッピがどのあたりを走っているか、どのような状況に置かれているか、たちどころに言い当てることができたという。

いずれも凡人からすると、にわかには信じがたいことだが、星の王子様のいうように「大切なことは目に見えない」のかもしれない。

カヴァンナの暮らすノヴィ・リーグレには多くの若手が集まり、さながら「カヴァンナ自転車選手養成学校」の様相であった。ただ、カヴァンナ校長の指導はなかなかにスパルタンで、練習はもちろんのこと、日常生活にいたるまでかなり厳しく、こと細かに管理・指導されたようだ。そこでは大半の選手はコッピの忠実なアシストとなるべく育成された。「忠実なアシスト」といえば聞こえがよいが、実情は「下僕」に近かったようだ。

アシストを使ったチーム戦略を自転車レースに導入したのはコッピをもって嚆矢とされるが、その指導役となったのがカヴァンナであった。いくら力のあるアシスト選手であっても、自分勝手な走りをしていては、エースの（すなわちチームの）勝利に貢献できない。監督やエースの指示どおりに忠実に働くことがアシストの役割なのである。

また、コッピはドーピングにも手を染めていたが（当時は時代的に黙認されていたこともあり、それを隠しもしなかった）、カヴァンナが指南役であったようだ。

当時主流であったドーピングはアンフェタミンなどの、いわゆる興奮剤のたぐいであるが、これらは「バクダン」と呼ばれ、登り坂やゴール前など、ここ一番で疲弊しきった足に「一撃」を与えてくれるものであった。

日常生活を含めた体調管理、レース戦略、そしてドーピング……。生真面目すぎるストイックさというのは、メビウスの輪のように裏返って、暗黒面につながってしまうものなのだろうか。カヴァンナとコッピのペアは、さまざまな功罪や清濁を胸にかかえて、ひたすらに勝利を追い求めていった。

かたや、コッピのライバルであるジーノ・バルタリが、レース前にワインを飲んだり、レース後にタバコを吸ったりしていたのとは対照的だ。

コッピはインタビューで「バルタリみたいな生活を送っていたら、とてもじゃないが走れないよ」と語ったそうだが、「鉄の男」と呼ばれたバルタリが野生児的な強さを示したのに対し、コッピは神経質なまでの注意深さでレースに臨んだ。

実際、コッピは「自転車に乗っているか、病院のベッドで寝ているか」といわれるほど、頻繁に骨折や体調不良に見舞われていた。ひとつには幼少時や戦時中の栄養不良により、体調を崩しやすかったり、骨がもろかったりしたといわれている。しかしながら、常にギリギリの線でおのれを追い込んでいたことによる部分も大きかったのではないかと思われる。

コッピは、レースのために訪れていたアフリカで感染したマラリアにより、わずか四十歳で命を閉じるが、カヴァンナもコッピのあとを追うように翌年亡くなった。

二人で新たな自転車レースの歴史を作り上げ、なによりカヴァンナは「カンピオニッシモ」という作品を作り上げた。その功績は、今後より一層評価されるべきであろう。

28　隠修士の地　エレモ

ヴェローナを拠点に、自転車旅をしていた時のこと。

「今日はどこを走ろうか？」と地図を眺めていたところ、ガルダ湖東岸、ワインの産地として知られるバルドリーノからつづら折れの道が山に向かって続いていて、その終点に教会のマークとともに小さい文字でエレモという地名が記されていた。

エレモについては何も予備知識はなかったが、「湖のすぐそばで教会のある山の頂上なら、きっと眺めの良い場所に違いない」と思い立ち、自転車にまたがって、標高三〇九メートルのエレモを目指すことにした。

ガルダ湖はイタリア最大の湖で、イタリアにあこがれたドイツの文豪ゲーテが「風光絶佳のガルダ湖」と謳い、旅の途上わざわざ回り道をしたほどである。湖岸の町に立ち寄って、気に入ったお城をスケッチしていたがためにスパイの疑いをかけられたのは、ガルダ湖東岸にあるマルチェージネという町での出来事である。

今もバカンスシーズンともなると、ドイツをはじめとした北ヨーロッパの観光客が大挙してやってくる一大観光地だ。かたや、日本人はおろか、今や世界中にあふれかえっている中国人、韓国人を目にすることはまれだ。

ヨーロッパのバカンス客は、大挙してくるとはいっても、基本的に家族や友人などの小グループでの旅行であり、アジア系のように大集団で大型バスをつらねてということはないので、人の数は多いものの落ち着いた雰囲気の中で滞在を楽しむことができるエリアだ。

道案内してくれたサイクリスト、著者撮影

　さて、細長い三角形をしたガルダ湖の、その南東角に、ガルダ湖エリア最大の町ペスキエーラがある。そこから湖岸沿いに北上していった。途中で立ち止まって山に入る道を調べていたところ、地元のおじさんサイクリストが「分岐まで案内するから、着いて来なさい」と親切に声をかけてくれ、そのおじさんの絶妙なペースに引かれて登り口を目指した。

「さあ、ここが登り口だよ」と教えてくれた道は、斜度一〇%を優に超える急な坂道。なんとか登りきり、ぶどう畑の間をぬって行くと、途中から未舗装の荒れた道になるが、もう近くに目指すエレモの建物が見えるので、そのまま進むことにした。

着いてみると、かなり由緒のありそうな修道院で、外から中の様子はまったく見えず、入るには小さな玄関をくぐって行かなければならないよう。底に金属製のビンディングがついた自転車用の靴では歩き回ることができないので、残念ながら玄関を前にして引き返すことにした。

後日、エレモについて調べてみると、そもそもエレモとは、ここに限らずイタリア各地に点在する地名で、その意味するところは「隠修士の住居」。修道士の中でも特に厳しい修行を自らに課す者が、外界と隔絶し、修行に専心する場ということだ。イタリア国内では他にアブルッツォやウンブリアなどアペニン山脈の山中、またフランスでも同様の修道院が多くみられるという。

隠修士をさすエレミタという語は、キリスト教にかぎらず、仏教やヒンズー教の行者などで人里はなれて厳しい修行を行う者も含まれている。また、辞書には隠者や世捨て人という意味も書かれている。イタリア人に聞くと、エレミタという言葉からはとくに後者をイメージしがちのようで、現代においては、ややネガティブな意味合いが強いようである。

エレモというイタリア語はラテン語の「荒れ野」に由来する。そこから派生して「人里はなれたところ→王族の別荘」といった意味も持つようになり、ロシアのエルミタージュ美術館なども語源は同じだというから面白い。

中世ヨーロッパの隠修士たちが範としたのは、キリスト教初期にエジプトなどの荒れ野で活動した先人たちであった。その精神がのちにアッシジの聖フランチェスコにも引き継がれていく。

隠修士の行動指針は「貞潔・清貧・神への服従」の三つの柱からなる。隠修士でなくとも、宗教家であればごく当たり前と思われるこれらの指針も、現実には富と権力にまみれた宗教界にあっては清新な思想となった。

そもそもキリスト教においては私有財産の放棄が掲げられていたが、共有財産についてはむしろ蓄財につとめていたのが実情であった。寄進や免罪符の販売でカトリック教会は富を蓄え、権勢を誇った。そのような腐敗した宗教界に対するアンチテーゼが隠修士であった。

彼らは山に入り、わずかな耕作地で自給し、多くの時間を祈りや瞑想にあてた。食事も、自家製のパンや水で割ったワイン、木の芽やささやかな農作物など、きわめて質素なものであった。厳しい修行をしながら、民衆への説教や貧者への慈善活動を行うことで、支持を獲得していった。

話はそれるが、日本でもほぼ同時期に浄土宗や法華宗、禅宗など、ラディカルな「新興宗教」が民衆のあいだに広まっていった。

一説には、この時期に地球の気温が上昇し、これにより農業生産力が上がったことで、民衆の生活力が高まり、ひいては社会意識の向上につながったという。

エレモの修道院の入り口　著者撮影

さらに共通点としては、当時、日本の新興宗教が弾圧を受けたのと同じように、隠修士たちも民衆の支持を得る一方で、旧来の修道院やカトリック教会からは異端の烙印を押されたり、あるいは弱体化して取り込まれたりしていった。

それにしても、ある種の清貧やストイシズムというのは、なぜ人々を惹きつけるのだろう？自らそのような生活を送らずとも、過酷な修行者をあがめ奉るのは古今東西を問わない。比叡山や大峯山で行われている千日回峰行なども、そのあらわれだろう。

現代においては、宗教にかわってスポーツが、その苛酷さとストイックさゆえに宗教的崇敬を集めているのではなかろうか。

ことに自転車選手たちは、徹底した節制により体脂肪率ひとケタ、イタリア人ですら週末の夜遊びを控えるというストイックぶりだ。

自転車ロードレースのファンというのは、サッカーや野球などのファンとくらべて、ストイックさに惹かれる度合いが強いのではないかと思うが、これをお読みの自転車ファンの皆さんはいかがだろう？

29　自転車レースと南北問題

　初のイタリア旅行で降り立ったのは夜のフィウミチーノ空港だったため、陽光の下で初めて目にしたイタリアは、ローマからナポリへ向かう車窓の風景だった。

　列車はコンパートメント式で雰囲気があったが、車窓から眺める景色は南に行くにつれ荒れて殺伐としたものへと変わっていった。赤茶けた山肌に、木々はまばらで、あったとしても枯れ木と見まがうような灌木ばかり。緑や水など、景色にうるおいを与える要素はほとんど見当たらない。

　到着したナポリでは、ハエのように群がるタクシーの客引きに、信号などまったく目に入っていないかのような車の洪水。きわめつけは、駅前のジェラート屋のガラスケースに弾痕とおぼしき穴が……。よかったら一泊していこうかと思っていたナポリだったが、迷うことなくトンボ返りした。

　初イタリアの実質一日目の体験が強烈だったこともあり、以降ナポリをはじめとした南イタリアの印象はネガティブだ。イタリア人たちに言わせると「ナポリは特別」ということだが、それまで自転車レースの映像を見て馴染んでいたイタリアの風景は北部のものが中心で、南イタリアの風景はどうも違和感がぬぐえなかった。

いきなり南イタリアに対して失礼な物言いをしてしまったが、私のように偏屈な北イタリア派（「北イタリア派＝偏屈」というわけではないので念のため）は少数派で、むしろ日本人旅行者の旅先としては、南イタリアは人気のようだ。

古くから定番のシチリアやカプリはもちろんのこと、近年はプーリアや邦画の舞台にもなったアマルフィも大人気だ。南イタリアの方が、私たち日本人のイメージするイタリアの要素を多分に含んでいるためだろう。

ただ、イタリア来訪者全体で見ると、圧倒的に多いのは北イタリア、中でもヴェネト州がもっとも人を集めている。その背景として、イタリア最大の観光都市ヴェネツィアを抱えていることがまず一番の要因。それに加えて、イタリアにやって来る外国人でもっとも多いのがドイツ人であり、ドイツから足を運びやすいエリアであることも数字を押し上げている要因だ。他にトレンティーノやフリウリもドイツから近いが、アルプスの山間部で、南方感があまり感じられないのかもしれない。

ヴェネト州にあるガルダ湖周辺はオリーブも栽培されるほど、緯度のわりに温暖な気候に恵まれている。ゲーテが「君よ知るや南の国」と謳った南の国とは、アフリカでもタチヒでもなく、イタリアである。アルプスの向こう側の陽光は、ドイツ人にとって魅力に満ち溢れたものなのだろう。アルト・アディジェは駆け足で通り過ぎたゲーテも、ガルダ湖ではのんびり腰を落ち着けて滞在を楽しんでいる。

先に、自転車レースの映像で慣れ親しんだのは北イタリアの風景と書いたが、そもそも自転車産業の中心が北イタリアであり、レースも北部が中心で、ジロ・ディ・イタリアでも南部（カンパーニャ以南）までやってくるのは大会が始まって一五年もたってからのことである。自転車の主だった工房、古くはビアンキやレニャーノ、それに戦後の全盛期を支えたデローザやコルナゴなど、いずれもミラノ周辺が拠点である。また、自転車の基幹パーツを製造するカンパニョーロ社は、ヴェネト州ヴィチェンツァのメーカーだ。

自転車選手の出身地も北イタリアが圧倒的に多い。これまで百年以上にわたるイタリア人選手すべての出身地を調べるのは非現実的なので、ジロ・ディ・イタリアで優勝した歴代のイタリア人にしぼって見てみよう。

一〇六回の大会中、イタリア人優勝者は四二人。州別にかぞえると、トップはロンバルディアの一六人、次がピエモンテの八人。それにヴェネトやトレンティーノ＝アルト・アディジェを加えて、七〇％が北イタリア出身者で占められている。かたや南イタリアは、二〇一三年にシチリア出身のヴィンチェンツォ・ニバリが優勝するまでゼロであり、二〇二三年現在でもニバリただ一人である。

南イタリアにおける自転車事情について書かれたものはきわめて少ないが、作家カルロ・レーヴィの代表作『キリストはエボリに止りぬ』の中に自転車選手を目指す若者が登場する。

この作品は第二次大戦前、反ファシズム活動のため政治犯として捕えられ、南イタリアのバジリカータに流罪となった日々を描いたもので、南イタリアにおける農村問題を広く世に知らしめた。

タイトルにあるエボリとは、カンパーニャ州サレルノの南東にあるコムーネ（自治体）である。キリストはエボリで歩みを止めてしまった、すなわち、それより南はキリストの威光のおよばぬ未開の地ということである。

エボリより南に位置する流刑地バジリカータを、レーヴィはこう語る。「国家や都会の神々も、狼や昔の黒猪が依然のさばっているこの白粘の土地では、少しの尊敬も払われていない。」

農家を訪れると、部屋の中に飾られているのはマリア像でもムッソリーニの写真でもなく、ニューヨークの写真やルーズベルトの肖像。いくら耕しても収穫の増えることのない不毛の地で、貧困とマラリアにおびえながら日々を過ごす南部の農民たちにとって、ローマの政府もバチカンも彼らを搾取する対象でしかない。農民たちにとって、希望の地と呼べるのはアメリカなのである。しかしながら、渡米者の大半は夢やぶれて、再び不毛の地に戻ってくるのだが……

カルロ・レーヴィ

そんな土地に暮らす幾多の登場人物の中にあって、自転車選手を夢みる若者は、自転車競技の本場である北イタリアを目指している。

グラッサーノにカルメロ・コイロという二十歳あまりの若い頑強な土方がいた。野良仕事や道路修理の日傭人夫をしていたが、彼の願いは競輪選手になることであった。ビンダとグェルラのことを読んでからというものはますます病みつきになり、ひまさえあれば、がたがたの古自転車を走らせ、日曜日にはいつもグラッサーノ近辺の坂道を夢中で乗り廻していた。時には汗と埃だらけになりながらマテーラやポテンツァまで走り続けることもあった。体力も持久力も呼吸も申し分なかったから、何とかして自転車で北伊まで行って競輪選手になりたいと考えていた。もし君がその気にさえなるなら、ぼくの友人でアルフレード・ビンダの伝記作者であるスポーツ記者を紹介してあげよう、と私がいうと、カルメロはすっかり喜んで、ブリスコの食堂で私の顔をみるなり彼の顔は希望に輝いた。

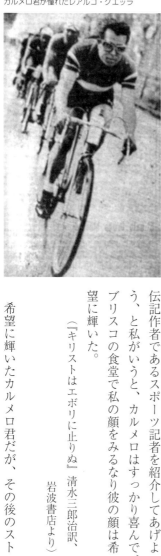

（『キリストはエボリに止りぬ』清水三郎治訳、岩波書店より）

カルメロ君が憧れたレアルコ・グエッラ

希望に輝いたカルメロ君だが、その後のストーリーで彼が北伊まで行って競輪選手になった様子はなく、あいかわらず道路工事に明け暮れる日々であった。もし彼の生まれが北部であれば、たとえ貧しくとも、ほぼ毎週のように開かれている手近な草レースにでも出て、プロへの道が通じる可能性もあっただろうが、バジリカータでは、いくら坂道を乗り廻していても、道は閉ざされたままなのである。

ファウスト・コッピもそうだが、古くはツール・ド・フランスを連覇したオッタヴィオ・ボッテッキア（ヴェネト出身）や女性で初めてジロを走ったアルフォンシーナ・ストラーダ（モデナ出身）など、自転車選手には貧しい生まれの人も多い。みなオンボロの自転車を乗りまわして、チャンスをつかんでいった。ただ、チャンスをつかめたのは、もちろん本人の才能や努力のたまものだが、環境によるところも大きい。自転車競技に対する理解やリスペクト、切磋琢磨する仲間、引き立ててくれる指導者や後援者。本人の熱意や才能だけではいかんともしがたい塀にはばまれて、いつしか輝きを失ってしまった希望も多々あったことだろう。

話の中には多くの個性的な人物が現れるが、若く夢あふれた様で描かれているのはカルメロ君ただ一人である。あとは腐敗しきった中産階級か、絶望に満ちた農民たちだ。希望に満ちた青年も、いつしか南部の閉塞感の中で摩耗していく。

レーヴィが問題提起して七〇余年が過ぎた現代においても、南イタリア諸州の若年層の失業率は五〇％前後である。科学技術や社会が進歩しても、構造的問題はまだ深く根を張り続けている。

30　スピードと未来派

二十世紀は、スピードと競争の時代であった。
産業革命により生まれた動力機関は、機関車や船舶、自動車、飛行機など、陸海空のあらゆる移動手段に取り付けられた。それにより生活の利便性が向上したばかりでなく、スピードと競争そのものが人々を魅了した。
『星の王子さま』の作者であるサン゠テグジュペリは、郵便飛行機のパイロットであったが、他の郵便会社とのシェア争いが激しくなるなか、次のような言葉を残している。

　ぼくらはすべて、いまだに新しい玩具がおもしろくってたまらない野蛮人の子供たちなのだ。（中略）。あの一機はより高く上昇し、あの一機はより速く飛ぶ。なぜそれを飛ばすかということを、ぼくらは忘れている。競争のほうが、さしあたり、競争の目的より重要視されている。

（『人間の土地』堀口大学訳、新潮社より）

船舶では、ヨーロッパとアメリカを結ぶ大西洋航路での速度競争が激しくなり、最速の船のためにブルーリボン賞とよばれる賞がもうけられるほどであった。タイタニック号の沈没も、夜間かなりの速度で北大西洋の氷山域を航行していたことが一因と言われている。

陸地を走る機関車や自動車も、速度競争がヒートアップし、二十世紀に入るころには自動車の速度記録は時速百キロを超えるようになっていた。

そのような時代に、スピードを至上とする芸術家集団が現れた。詩人フィリッポ・トンマーゾ・マリネッティを頭目とする「未来派」である。芸術家集団というより、むしろ思想集団とよぶほうが適切かもしれない。作品そのものより、宣言（マニフェスト）が先行したのだから。マリネッティは一九〇九年にフランスの新聞フィガロの一面に「未来派宣言」なるものを発表した。これは過去を否定し、機械文明や戦争を讃美するものであり、当然のごとく賛否両論を巻き起こした。

イタリア人のマリネッティにとって、過去とはすなわち母国イタリアであり、過去の遺物に執着し旧態依然たる国のありように容赦ない言葉を投げつけている。

フィリッポ・トンマーゾ・マリネッティ

この宣言によって今日、「未来派」を創立するのであるが、それは、教授、考古学者、観光ガイド、骨董屋によるうす汚い腐敗からこの国を解放したいがためである。すでにあまりにも長きにわたって、イタリアは古物商の市場となってきた。われわれは、無数の墓場によってイタリアじゅうをおおいつくす無数の美術館から、イタリアを解放したいのだ。

（『未来派一九〇九～一九四四』エンリコ・クリスポルティ、井関正昭構成・監修より）

かたや近代文明のもたらしたスピードに対しては、手ばなしの称讃を送っている。

世界の偉大さは、ある新しい美によって豊かになったとわれわれは宣言しよう。それは速度の美である。爆風のような息を吐く蛇に似た太いパイプで飾られたボンネットのあるレーシングカー……散弾のうえを走っているように、うなりをあげる自動車は、《サモトラケのニケ》よりも美しい。

（同前）

マリネッティいわく「スピードとはあらゆる勇気ある行動の総合であり、攻撃的であり、戦闘的であり、（中略）新しいものと未知のものに対する願望であり、近代性であり、衛生法である」。一見すると首肯してしまいそうな文章であるが、末尾の「衛生法」という言葉は、別のところでは「戦争は世界の唯一の衛生法」などと使われており、注意が必要だ。

では、未来派が速度によって希求するところは何か。

——速度によって縮小された地球。新しい世界感覚。

——機械によって力を増した人間。新しい機械的感覚、エンジン効率、訓練された力と本能との融合。

——スポーツの情熱、技術、理想主義。「記録」という観念と、それに対する愛。（同前）

この文章の中で「エンジン効率」を「人間の運動効率」と置き換えれば、とくに後段の二つは、自転車乗りにとって大なり小なり共感できる内容ではないだろうか。

極東に暮らす私たちも、移動手段や情報伝達のスピード化によって欧州の自転車競技というものの存在を知るようになった。そこでは、「訓練された力」をもつ「機械によって力を増した人間」たちが、「スポーツの情熱、技術」をもって、「「記録」という観念と、それに対する愛」を求めている。私たちもマリネッティたちと同じように、速度のもたらす魅力（魔力）に取りつかれている。

これまで述べてきたようなコンセプトにしたがってつくられた未来派の芸術作品は前衛的なものであり、表面的にはキュビズムの係累のような一面もみられるが、むしろ機械の美や速度の美をあらわそうとした結果とも言えるだろう。

あらゆるものが動き、走り、素早く変化する。ひとつの姿はわれわれの前に決して一定してはおらず、絶えず現れては消える。網膜上でイメージが持続することにより、運動する物体は増殖し、変形し、連続して生起し、振動のように、空間の中を通過する。したがって疾走する馬の脚は四本ではなく二〇本であり、それらの動きは三角形をなす。（同前）

走っている人の足を渦巻き状に描くのを昭和のマンガでよく見かけたが、「目にも止まらぬ」ものを描くことの苦闘が伝わってくる。しかも、馬ならまだしも、当時現れたばかりの自動車や機関車のスピードとなれば苦労もひとしおだろう。むしろ、その苦闘ぶりもふくめて伝えることに、未来派の意図があったのかもしれない。

未来派の画家ウンベルト・ボッチョーニの描いた《サイクリストのダイナミズム》という作品では、背中を丸めてハンドルを握りしめる自転車選手が、かろうじて認識できるというレベルだ。乗り手も自転車もその形態をほぼとどめず、流れる空気の中になかば同化してしまっている。ボッチョーニが、乗り手も自転車もほぼ同化して描いたのは、ある意味、象徴的だ。この感覚は自転車特有のものだからだ。

アルセーヌ・ルパンの生みの親モーリス・ルブランは、『これが翼だ！』というタイトルでサイクリングを描いた小説を著しているが、その中で主人公がサイクリング体験について、喜びと驚きをもって以下のように語っている。

これは、人と馬みたいに二つのものじゃないんだ。ひとりの人とひとつの機械じゃないんだよ。前より速いひとりの人間が出来たんだ。

（『時間の文化史』スティーヴン・カーン著、浅野敏夫訳より）

徒歩か、せいぜい馬車ていどの速さしか知らなかった十九世紀末から二十世紀初頭の人々にとって、機械のもたらすスピードは異次元のものであり、解放感や自由感など、新たな感覚を呼び起こした。

速度だけを見れば、もちろん自動車や機関車のほうが速いわけであるが、いずれもそのスピードは受動的にもたらされるものだ。一方で、自転車特有の「自分の力で進んでいる感覚」、すなわち能動的にスピードを生み出す感覚は独自のものであり、自由度や解放感は比べものにならないだろ

《サイクリストのダイナミズム》ボッチョーニ画

う。

『これが翼だ！』の主人公は二組の夫婦だが、彼らはサイクリングを続けることでいつしか常識や社会規範からも解放され、服を身に着けることもなくなって、最終的に旅行が終わった後には夫婦の組み合わせも変わってしまったという。

ルブランの描く自転車乗りも未来派のさまざまな言動も、いずれも極端なものではあるが、当時最新鋭の機械化文明がもたらした、新たな感覚による極端な反応ということでは合点がいく。サン＝テグジュペリも先にあげた著書の中で、人類二十万年の歴史において機械化による新たな感覚を知ったのはたかが百年ていどの話であり、人類が正しい評価ができるようになるには、まだまだ時間が必要であろうと語っている。

31　ヴィンテージの魅力

「ヴィンテージ」という響きには、なにかしら心惹かれるものがある。

ヴィンテージ・カー、ヴィンテージ家具、ひと昔前にはヴィンテージ・ジーンズなどというものも流行っていたし、近頃はヴィンテージ・マンションなどというものも現れてきた。それに言葉のルーツともなったヴィンテージ・ワイン。元をたどれば単に「ワインの生産年」を意味する言葉が、いつしか過去の銘品をあらわすようになった。

過去の銘品を現代の製品とくらべて、「昔の人は良い仕事をしていた」といったたぐいのコメントもみうけられるが、大切なことは、古いものであればなんでも良いというわけではない、ということだ。古くても、けっして古臭くはない。時代の波に磨かれて生き残ってきたものだけが兼ね備えた美しさというものがある。

また、ヴィンテージ品が美術品や骨とう品と異なるのは、現代においても実用に耐えうるという点だろう。（気を使うことは多々あろうが）。

ここでふと、古くても（あるいは古いほど）価値があるもので、なおかつ、こんにちでも実用的に使われているものは何があるだろうと考えを巡らせたときに、頭に浮んだのはヴァイオリンだ。

その筋ではヴィンテージではなくオールドと呼ばれるそうだが、ストラディヴァリウスやグァルネリといったところは日本円で十億をくだらない価格で取引されているという。いずれも製作当時は王侯貴族や高位聖職者といった名士たちが買い求め、のちにパガニーニを筆頭に、ハイフェッツなどの名ヴァイオリニストたちがこぞって使用した。

彼らが求めたのは、もちろん音楽を奏でる道具として優れていたからだが、単にそれだけではないだろう。手にしたときに所有欲を満足させてくれるだけの、えもいわれぬ美しさを備えていることも必須要件だ。

そして、これら名士や名演奏家が所有することで一層の箔がつき、価格はさらにうなぎのぼりとなっていった。

自動車の世界では「ヴィンテージ・カー」と呼べるのは一九一九年から一九三〇年に製造されたものと厳密に定義されている。その前後はアンティーク・カーやクラシック・カーと、年代ごとに呼称がきっちりと区分けされている。

一九一九年というと、その前年に第一次大戦が終わり、人々の暮らしが取り戻された時代だ。そこから大恐慌までのあいだ、言うなれば史上初の「バブル」の絶頂に向けて、自動車も華やかなりし時代をいろどった。それ以前は、スタイル的に馬車の延長線上にあったものが、ヴィンテージの時代には機能美やモダンさも加味しつつ、かつての優美さも兼ね備えたものとなっている。自転車の場合、年代について自動車のように厳密に規定されているわけではない。クロモリ製（クロームモリブデン鋼製）のフレームに、ダブルレバーの変速機がついていれば、一般にヴィンテージ自転車と呼ばれている。これにはおよそ一九八〇年代以前のものが当てはまる。

自転車は十九世紀初頭に発明された当初、素材は木製で、地面を足で蹴って進む、なんともプリミティブなものであった。その後、チェーンやゴムタイヤなどの発明により、十九世紀末には、ほぼこんにちと同じ姿に進化していった。

姿かたちがそっくりとはいえ、現代の私たちでも普通に使えるものとなると、第二次大戦後に作られたものということになるだろう。一番のネックは変速ギアで、第二次大戦前後までのものは、後方に手を伸ばして変速しなければならず、不安定な体勢をしいられるものであった。

フレームのフォルムも、五〇年代あたりまでのものは、こんにちの感覚で見るとやや古びた印象を受ける。当時はまだ未舗装路が多く、路面からの衝撃をやわらげるためか、言い方は悪いが、やや間のびしたプロポーションとなっている。路面が整備されたことで、六〇年代以降のモデルは引き締まって洗練されたように感じられる。

六〇年代以降の研ぎ澄まされた洗練さは、なにも路面の整備によるものだけではなく、自転車レースに対する情熱が社会全体で高まったことも大きく寄与している。こんにちヴィンテージ車

ギザッロ博物館、著者撮影

として人気があるのも、この時代のものが中心だ。
六〇年代後半から七〇年代にかけてレースを牛耳ったエディ・メルクスがプロ時代に乗った自転車――マージ、コルナゴ、デローザ――は一世を風靡した。数多くのフレームビルダーが切磋琢磨し、機能性のみならず、美的な点でも腕を競い合った。
日本でイタリアン・バイクの美しさが認識されたのは、一九六四年に開催された東京オリンピックによるところが大きい。この時、海外の選手たちが乗っていたチネリという自転車の美しさ、完成度の高さが、日本の自転車関係者に衝撃を与えたといわれている。

美しさとはいっても、華美に装飾をこらした美しさではなく、機能美といえようか。イタリアの自転車は、レースのための自転車、勝つための自転車として発展を遂げたのである。そのような無駄のない合理的な美しさが、日本の自転車関係者の心をとらえた。日本刀の美に通じるともいえるだろう。

ヴィンテージ熱は、単に所有欲だけではなく、実際にまたがって乗り回したい、そして同好の士と語り合いたいというニーズも高まってきている。マニアの宿命だ。

本場イタリアでは、トスカーナの丘陵地帯をめぐる「エロイカ」が人気を博している。ルールとして自転車はヴィンテージ車、服装も往時のようなニットやウールのジャージを着て出走しなければならない。コースはワイン畑のあいだを縫う未舗装路が大半であり、みな泥だらけになりながら、嬉々として楽しんでいる。

近年は日本でも同様の大会が開かれて、これまた人気が高まりつつある。私も数年前に参加したが、お互いの自転車を眺めたり自転車について語ったりするときの目は、みな日常では見せることのない輝きをはなっていた。

ここまでヴィンテージ・バイクの魅力について語ってきたが、とても文章で伝えきれるものではなく、やはり実物を目の当たりにしていただくのが一番だ。

イタリアには往年の名車をそろえた博物館が数多くあるので、興味のある方はぜひ訪れていただきたい。

シマノ自転車博物館に展示されたブーニョの自転車　著者撮影

最大のものは、自転車の守護聖人をまつるギザッロ教会に付設の博物館だ。教会内にも選手たちから献納された自転車が数多くまつられており、おさめきれなかったものが博物館に陳列されている。コッピやバルタリ、メルクス、近年ではジャンニ・ブーニョやマルコ・パンターニの実車も並べられており、ファンには胸熱くなるラインアップだ。

日本にも、数は少ないものの自転車専門の博物館がある。東京には目黒の自転車文化センター、大阪にはパーツメーカーのシマノが運営する自転車博物館がある。いずれも、自転車のみならず、関連資料も充実している。

また、ヴィンテージ・バイクを扱うショップも日本各地に増えている。大阪では、松屋町のビチクラシカが有数の品ぞろえを誇る。店には店主のルイージ・ヴェラーティさんが自ら整備した極上状態の自転車がずらりと並べられてい

る。(第8章51頁以下参照)

機会があればぜひ実物を目にして、ヴィンテージ・バイクの持つオーラを感じていただきたい。

最後に、ヴェラーティさんが語ってくれたヴィンテージ・バイクへの思いを記して、この項を締めたい。

「かつては人間がインスピレーションとか経験とかアイデアとか、そういったもので自転車を作っていました。」

「昔の自転車というのは、人間が自転車に乗ることで、総体で美しく見える。人間と違和感がないんです。」

32　人喰い鬼とよばれたレーサー

自転車レース史上最強の呼び名をほしいままにするベルギー人レーサー、エディ・メルクス。イタリアのジャーナリスト、ジャン・パオロ・オルメッツアーノは「自転車レース史において、メルクスはもっとも強く、コッピはもっとも偉大である」と評した。記録のメルクスに、記憶のコッピというところか。

メルクスの通算勝利は五百勝にものぼる。出場レースが千五百ほどなので、三回に一回は勝った計算になる。多い時には年間五十勝を超えたが、週に一回は勝っていたわけだ。巨人・大鵬・卵焼きを足して三をかけたような男だ。

その情け容赦ない戦いぶりから「人喰い鬼」と呼ばれた。とにかく他の誰も勝たせないんだ、という話を彼のチームメイトが家でしたところ、娘さんが「まるで人喰い鬼ね」と評したところから、このニックネームが広まったという。

逸話では、子供と自転車で競争ゴッコをするようなときでも本気で走り、決して子供を前に行かせることはなかったという。

そういえば、将棋の羽生善治も、お子さんや奥さんと指したときに（当然駒落ちはするものの）忖度することなく勝ってしまい、お子さんを泣かせてしまったという話をどこかで読んだ記憶があるが、どちらも勝利への執念というよりは、己が捧げるものに取り組んでいるときには手抜きなんぞできないというのが、実際のところではないだろうか。

メルクスは、生まれはベルギーだが、イタリアとの所縁が深い。キャリアの大半をイタリアのチームですごし、使用した自転車もほぼイタリア車ばかりである。こんにち世界的ブランドとして名声をほこるコルナゴ、デローザ、カンパニョーロなども、メルクスの名前抜きにその歴史を語ることはできない。

幼いころから自転車に夢中で、そのころ近所の人たちにつけられたあだ名は「ツール・ド・フランス」。

アマチュア時代の一九六四年には東京オリンピックに出場、結果は一二位であった。このとき優勝したのはイタリア人のマリオ・ザニンという選手であったが、プロ入り後はパッとしなかったようだ。ちなみに、当時オリンピックの自転車競技に出場できるのは、アマチュアのみであった（現在はプロも出場可）。

翌年ベルギーのチームでプロデビューをはたし、のちにフランスのプジョーに所属した。

プジョーは、ご存じのとおり、フランスの自動車メーカーだが、古くから自転車も製造しており、当然ながら所属選手は自社製の自転車に乗らなければならない。しかし、プジョーの自転車が気に入らなかったメルクスは、ミラノにあるマージで自分用の自転車を作ってもらい、表面の

エディ・メルクス

ペイントだけプジョーに塗り変えて乗っていたという。マージはかつてファウスト・コッピも乗っていたブランドで、現在もミラノの自転車競技場に工房を構えている。
一九六八年にはイタリア人監督ヴィンチェンツォ・ジャコットの肝煎《い》りにより、イタリアのファエマに所属することとなった。すでにプジョー時代にもミラノ・サンレモや世界選手権など、名だたるレースに勝利していたが、いずれもワンデー・レースであった。ファエマに移ってからは、ジロ・ディ・イタリアやツール・ド・フランスの総合優勝など、まさに人喰い鬼の名にふさわしい勝ちっぷりとなった。
チームスポンサーのファエマはエスプレッソマシンのメーカーである。正式名称は日本語に直訳すると「電気機械関連機器製造会社」と、なんともそっけない名前だが、イタリア語の頭文字をとってFAEMAである。フィアット（トリノ自動車製造会社）などと同じパターンだ。
ファエマに移って二年目の一九六九年、前年に続きジロ連覇を狙うメルクスを、激震がおそった。さしてきつくもなく、さほど狙う価値もないステージで、ドーピング検査で陽性となったのである。陽性判定が出た翌朝、イタリアのテレビ局が宿舎のホテルに押しかけ、まだベッドで横になっているメルクスにインタビューをする様子が放映されたが、泣きじゃくるメルクスは「自分の足以外のものに頼ることは決してない」と釈明した。

メルクスが失格になったことにより、繰り上げで首位となったのがイタリア人のフェリーチェ・ジモンディだったため、イタリア以外の国では陰謀説がささやかれた。

のちにメルクスが語るところでは、さるチーム関係者が、ジロに負ければ金をやると八百長話を持ちかけてきたが、メルクスが断ったため、陥れるようなことをしたのだろうという話だ。ただ、その関係者はジモンディのチームではなかったとメルクスはことわっている。

一九七〇年にはイタリアのモルテーニに移籍した。スポンサーのモルテーニ社はロンバルディア州のアルコレという小さな町にある、サラミなどの肉加工品製造会社である。現在は「サルミラノ」と名称を変え、場所も移転して事業を続けている。

会社のホームページをみるかぎり、どこにでもありそうな地方の中小企業といった風情で、とても自転車レースの一時代を築いたスポンサー企業には見えないが、オーナーの勝利への執念は、メルクスに輪をかけて激しいものであった。オーナーからのプレッシャーも加わったことで、モルテーニ時代のメルクスは、サラミを製造するように勝ち星を量産していくのである。

メルクスは絵になる男だったためか、彼を題材にしたドキュメンタリー映画も数多く制作された。とくに一九七四年のジロを舞台にした「ザ・グレーテスト・ショー・オン・アース」は映像も音楽も美しく、ひとつの作品のようだ。単にレースの進行を映すだけでなく、レースの舞台裏や沿道の美しい風景も随所に流れて、たいへん見ごたえがある。

このときのレースで、メルクスはピンチに陥った。ドロミテ山塊のトレ・チーメ・ディ・ラヴァレードという山の登りコースで、イタリアの若手ジャンバッティスタ・バロンケッリに総合タイムで一時的に逆転され、首位を脅かされたのだ。なんとかゴールでは持ち返したものの、ギリギリのタイム差であった。最終的にミラノまでの四千キロあまりを走って、首位メルクスと二位バロンケッリの差はわずか一二秒という大接戦であった。

モルテーニのジャージを身にまとったメルクス

メルクスは機材へのこだわりも強く、現役時代はマージから始まって、コルナゴ、デローザと、イタリア車を乗り継いでいった。ことにデローザを使用していたころは、一シーズンに五〇台もの自転車を作らせていたという。ポジションにも細かく、出走ギリギリまで調整したり、場合によってはレース中に工具を取り出して自分で調整したりすることもあった。

また、メルクスといえば、パーツの肉抜き加工を広めたことでも知られる。ブレーキレバーやギアなどの部品にドリルで穴を開けてしまうのである。なんのためにこのようなことをするのかというと、穴が開く分、機材が軽くなり、ラクに走れるようになるのだ。一グラムでも軽くして、速く走りたいという、メルクスの執念が伝わってくる。ただ、強度が落ち、ヘタりやすくなるというデメリットがあるが、年に五〇台も自転車を準備させていたメルクスには心配無用のことだ。イタリアの工房では穴の開け方にも工夫をこらして、美を競い合った。

引退後もオリジナルブランドを立ち上げたり、レースを主催したりと、自転車界への貢献は多岐にわたる。まさにもっとも強く、もっとも偉大なレーサーだ。

33　ジロを興した新聞

イタリアやフランスをはじめとしたヨーロッパでは、自転車レースは文化のひとつであり、生活の一部に根付いている。われわれ日本のファンからすると、なんともあこがれの状況だ。ただ、ここで忘れてならないのは、一朝一夕でそのようになったわけではないし、また自転車レース単独でポジションを勝ち得たわけでもないということだ。時代の成長とうまくシンクロしてきたからこそ、文化的価値を築くことができた。それに加え、レースを伝え盛り上げるメディアの存在もかかせない。メディアの成長とうまくリンクしてきたことも大きな要因だろう。

自転車レースが始まった十九世紀後半は、大衆社会の勃興期であり、大衆をターゲットとした新聞が続々と生まれた時代でもあった。主だったところは以下の通り。いずれも一四〇年以上前の発刊だが、現在まで続く老舗紙である。

〈発刊年〉　〈紙名〉　〈拠点〉
一八六七　ラ・スタンパ　トリノ

一八七六　コッリエーレ・デッラ・セーラ　ミラノ
一八七八　メッサジェーロ　ローマ

自転車人気の高まりを受け、一八九三年にコッリエーレ・デッラ・セーラ社は『イル・チクロ（自転車）』というタイトルの週刊誌を発行、読者をぐんぐん獲得していった。

先行の競合誌は、手を変え品を変え対抗策を打つものの、決定打とはならず、最終的にスポーツ全般を扱う新聞を発行することにした。新聞の名は『ガッゼッタ・デッロ・スポルト』。

ガッゼッタという呼称は新聞に使われているのをよく見かけるが、もともとはヴェネツィア共和国で使われていた貨幣のひとつで、当時の新聞が一ガッゼッタで販売されたことから「新聞＝ガッゼッタ」となったという由来である。

ガッゼッタ・デッロ・スポルト（以下『ガッゼッタ』）は、既存の新聞・雑誌を吸収合併して立ち上げられたため、初期の版ではタイトルが複数併記されるという摩訶不思議な状況が続いたが、

Anno II. - N. 1 (Ø)　Centesimi 5　Milano, Venerdì 3 Aprile 1896.
GAZZETTA DELLO SPORT
IL CICLISTA E LA TRIPLETTA
Esce il LUNEDÌ e il VENERDÌ
Anno II. - N. 8 (Ø)　Centesimi 5　Milano, Giovedì 30 Aprile 1896.
La Gazzetta dello Sport
(Il Ciclista e La Tripletta)
La Gazzetta dello Sport

ガゼッタのタイトル部の変遷

しばらくしてガッゼッタ一本に収斂《しゅうれん》された。

初期の内容は自転車をはじめとして競馬、フェンシング、体操競技、テニス等々。お気づきのように、この中にはサッカーが入っていないのだが、当時サッカーはまだメジャースポーツではなかったのだろうか。

一八九六年に発刊された第一号で、ガッゼッタは編集方針を以下のように打ち出している。

スポーツを取り扱うには、時代の流れを読み、予測し、先取りする能力が求められる。スポーツ新聞は、ただ単に状況を知らせたり、結果を記録したりするだけでなく、先を読み、挑戦し、成しとげなければならない。

ちなみに、アメリカの週刊誌『スポーツ・イラストレイテッド』は、「スコアなど載せるな。スコアの背後に隠れているインサイド・ストーリーを追いかけろ」というコンセプトを掲げているが、ガッゼッタの方がより先取的で、積極的に世の中に打ち出そうとする姿勢が伝わってくる。先を読み挑戦する施策の一環として、ガッゼッタは十九世紀末から様々なスポーツ・イベントを企画・主催し始めた。ランニングやモータースポーツ、そして本命の自転車レースだ。一九〇五年にジロ・ディ・ロンバルディア、一九〇七年にミラノ・サンレモ、そして一九〇九年にジロ・ディ・イタリア。いずれも、こんにちまで続くビッグ・レースである。

ひとつの新聞社がこれだけの規模のレースを立ち上げ、百年以上にわたり続けていることは驚くべきことだ。しかも、この百年のあいだには、二つの大戦や、さまざまな事件・事故、それにドーピング問題など、数えきれないほどのトラブルも起きて、開催が危ぶまれることもあったが、今なお粘り強く続けられている。

もうひとつの驚くべき点は、いずれのレースも、イタリア国内や欧州内のみならず、世界中(というとちょっと広げすぎだが)のファンから注目されるだけのプレステージを獲得しているという点だ。日本でも百年以上続くスポーツ・イベントは各種あれど、残念ながら他国でニュースに取り上げられたり、わざわざ足を運んで見に来ようと思われたりするほどのものは思いつく限り見当たらない。相撲や柔道、空手など、「するスポーツ」として広まったものはいくつかあるが、「見るスポーツ」としてはどうだろう。言語の問題や内向きの国民性など、様々な要因もあろうが、観光やアニメは成功しているので、実際の要因は別のところにありそうだ。

ここまで、イタリアの状況に絞って話を進めてきたが、当然ながらガッゼッタがすべて一から発案したものではなく、新聞社によるレース開催はフランスが先行していた。フランスではすでに一八六〇年代に自転車レースが開催されていたが、イタリアはまだ統一運動のまっただ中であり、産業面でも後れをとっていたので、後続となったのはやむをえないことだろう。

ともかく、新聞社が開催するというのがポイントで、自転車メーカー単独あるいは自転車関係者だけでいくらレースを開催しても、ここまで広まることはなかったのではないだろうか。新聞社は部数増に加えメーカーからの広告収入増、自転車メーカーはすそ野が広がることによる販売増、そして観衆はレースを現場だけではなく後から読み物としても楽しめるという構図。まさに近江商人の「三方良し」なビジネスモデルだ。

情報発信と広告収入の両輪によるメディアのビジネスモデルは、のちのテレビ、そして現代のFacebookやYouTubeをはじめとしたSNSでもそっくりそのままである。もちろん、自転車レースが「キラーコンテンツ」としての力を持っていることは論を俟《ま》たない。

さて、メディアと自転車レースの蜜月も、時代の流れとともに変化していく。第二次大戦後、ジーノ・バルタリやファウスト・コッピの活躍もあって、自転車はイタリアで最も人気のあるスポーツであり、ガッゼッタでも常に一面を飾ってきた。しかし、バルタリが引退し、コッピが早世した後、一九六〇年代にはサッカーがその座を取って代わるようになってきた。少し時代の下がった一九七四年の統計では、イタリア人の好きなスポーツの一位はサッカーで、支持率はなんと一〇〇％。自転車は続く二位に入るが、六〇・五％と大きく引き離されている。今ではもっと開きが出ているだろう。ガッゼッタを開いても、ページの七〜八割はサッカーである。

コッリエーレ・デッラ・セーラ等に執筆したコラムニストのエンツォ・ビアージは、生前のファウスト・コッピにインタビューしたときの様子を記している。カンピオニッシモになるには何が求められたのか。コッピはこう答える。

「耐えること。暑さやほこりで息苦しいとき、疲れと不快感に襲われるとき、ひとりぼっちで、がっくりしているときをこらえることが、できるかですよ」

（『新イタリア事情』大西克寛他訳、朝日出版社）

コッピの答えを受けて、ビアージは続ける。「こうした試錬を甘受しようという若者はへっていくばかり。ペダルひと踏み何リラかを考える」。

より華やかでより稼げるサッカーに才能のある若者が集まることで、サッカーの魅力が増せば、より多くの注目を集めるのは必然だ。

それでも、自転車レースがかつて人々を魅了したようにその魅力を保ち続ける限り、ガッゼッタのコンセプトである「時代の流れを読み、予測し、先取り」することで、この先も人々を魅了し続けていくことができると信じている。

34　自転車レースとカトリック

しばらく前に、バチカン市国が国際自転車競技連合（以下ＵＣＩ）に加盟したというニュースが流れていた。

ＵＣＩは、文字どおり国際的な自転車競技をつかさどる団体で、オリンピックや世界選手権など大きな大会はＵＣＩに加盟していないと出場することができない。バチカンの自転車チームが本気でオリンピックをめざしているとは思えないが（失礼！）、そもそも人口六百人あまりの小国で、しかも大半は聖職者だが、チームを編成できるほどの競技人口があるのだろうか？　スイス衛兵もバチカン籍なので、彼らならそれなりに走れそうだが……

そんな疑問はさておき、記事の中で紹介されていた教皇ヨハネ・パウロ一世の言葉が目を引いた。

すべてのスポーツが人間的であるとすれば、自転車レースはもっとも人間的である。

ヨハネ・パウロというお名前を聞くと、ポーランド出身のヨハネ・パウロ二世がわれわれ日本人にはなじみ深いが、ヨハネ・パウロ一世はその前任の教皇である。一九七八年に教皇に選ばれて、バチカン銀行の不正改革など表明されていたが、在位わずか三十三日で急逝された。そのあまりに早い逝去ゆえ、暗殺説もある。この一件は映画『ゴッドファーザー3』の題材となるほど、スキャンダラスな出来事であった。

ヨハネ・パウロ一世

ゴッドファーザーはさておき、ヨハネ・パウロ一世の言葉には、なにかしらカトリック的な視点というか、あたたかみが感じられる。

偶然かもしれないが、自転車レースが盛んな国——イタリア、フランス、スペイン——は、いずれもカトリック国だ。

もちろん、いずれの国でも自転車よりサッカーの方が人気があるし、サッカーに関していえば、カトリック国にかぎらず、プロテスタント国でも（というか宗教を問わず）たいへん盛んである。しかしながら、自転車レースが文化として根付き、その価値が広く認められているということでいえば、これらカトリックの三か国だろう。

サッカーが華やかでスマートなのに対し、自転車レースはいくら機材が進化したとはいえ、ひたすら忍の字のスポーツだ。先の記事の中で、別の司教は「自転車レースおよびその鍛錬は、私たちを主に近づける」と語っている。自転車レースのストイックさは、ある種、宗教的と言えるかもしれない。

また、ＵＣＩのラパルティエント会長はバチカンの加盟に際し、次のように述べている。

自転車レースは、友愛・きずな・敬意・愛といった普遍的な価値を伝える手段であり、これらはＵＣＩの使命でもある。

アシストたちは自チームのエースの風よけになったり、エースの自転車が故障したときなど自分の機材と交換したりと、おのれの成績よりエースのために奉仕すること、ひいてはチームに貢献することが求められる。キリスト教でいうところのアガペー、すなわち無私の愛、自己犠牲の愛だ。

日本の小説で自転車レースをテーマにしたその名もずばり『サクリファイス』（サクリファイスは英語で「犠牲」の意）という本がある。結末の「犠牲」はかなり衝撃的だが、本文中でもアシストの役割が随所に描かれていて、やはり自転車レースといえば犠牲の精神ということになるのだろう。

自転車レースが文化として根付いていく過程で、カトリックとのつながりが後押しとなったことは間違いないだろう。ことに自転車レースの黄金時代といわれる四〇～五〇年代、敬虔なカトリック信者でもあった名選手ジーノ・バルタリの存在は大きい。

「敬虔なるジーノ」とよばれたバルタリは、レース前に祈りをささげるのはもちろんのこと、他チームの選手までミサに引き連れたり、祈禱時に教会の固い床に長い時間ひざまずいて、足を痛めるのではないかとチームメイトに心配されたりするほどであった。

そんなバルタリを、時の作家クルツィオ・マラパルテはこう評した。

「バルタリは来世を信じ、天国を、贖罪を、そしてイエスの復活を信じる。」

かたや、バルタリのライバルだったファウスト・コッピ評はこうだ。

「コッピは合理主義者、懐疑主義者であり、信じるものはおのれ自身のみ、すなわちおのれの筋肉、おのれの肺である。」

こんにちから見れば、コッピ評の方がスポーツ選手のありようとしてごく当たり前に思われる。時代の流れはあきらかにコッピのような合理主義で、彼が行った科学的トレーニングや戦略的なレース運びなどは、現代のスタンダードとなっている。

かたや、バルタリのようなスタンスは、こんにちの視点で見れば迷信的・前時代的ということになるだろう。しかしながら、第二次大戦をはさんで二度のツール・ド・フランス総合優勝。しかも二回目の一九四八年の快挙は、共産党書記長トリアッティの暗殺未遂事件でゆれていたイタリアの国情をひとつにまとめたという。もはやスポーツの枠ではおさまりきらない存在となっていた。本当かどうかわからないが、バルタリが買い物をしたり飲食をしたりしても、どの店も金を受け取らなかったというような逸話もあるほどだ。
時の教皇ピウス一二世もバルタリへの称讃を惜しまなかった。ミサでもおりにふれてバルタリを例に挙げて、努力のすばらしさを訴えた。

一九五〇年のジロ・ディ・イタリアは、最終ゴールがローマで、終了後に選手たちは教皇に謁見することになっていたのだが、この大会でバルタリはあいにくの二位であった。優勝はスイス人のユーゴ・コブレで、物の本には「カルヴァン主義者が勝者として教皇に謁見した」と残念そうに(?)書かれている。

ピウス一二世をはさんでバルタリとコッピ

ギザッロ教会をサイクリストの守り神として布告したのもピウス一二世である。布告は一九四九年というから、バルタリのツール優勝の余熱冷めやらぬ時期だ。バルタリやコッピたちがローマからミラノ北部のコモ湖まで、リレーで聖火を運んだという。布告に際し教皇は、啓蒙や救済といったカトリックの思想によるスポーツの実践そして努力が神のもとへ導いてくれると説いたのである。

35 「パルタリは勝ったか?」

一九四八年七月一四日の昼前、イタリア下院の玄関先に銃声が響いた。撃たれたのはイタリア共産党書記長パルミーロ・トリアッティ。撃ったのは反共主義の学生であった。

トリアッティは三発の銃弾を受けて地面に倒れた。同行していたニルデ・イオッティ女史は、すぐさま体を覆いかぶせて、身を挺《てい》してトリアッティを守ろうとした。

犯人はすぐに取り押さえられ、トリアッティは病院に運ばれた。意識はあったものの、予断を許さぬ状況であった。

傷つきながらもトリアッティは「落ち着け」、「おかしなことをするな」と周囲に伝え、自制を促した。この一件が少なからぬ余波を引き起こすことを自覚していたのだ。

トリアッティの制止にも拘《かかわ》らず、イタリア全土で労働者によるストやデモが発生。各地で武力衝突が起き、死傷者も出る事態となった。電話はつながらず、電車は止まった。情報や人の流れが分断され、猜疑心や恐怖心が煽られた。

病院に運ばれたトリアッティは緊急治療室で摘出手術を受けており、その生死は多くの人にとってまだ不明であった。

「トリアッティに万が一のことがあれば、ただでは済まない」。それは右派・左派、双方思うところであった。あわや内戦かというところまで緊張が高まっていた。

日本でも一九六〇年に、右翼の若者が社会党党首・浅沼稲次郎を刺殺する事件が起きた。事件後、デモこそあったものの、内戦寸前というほどの混乱からはほど遠いものだった。そう考えると、彼我の国情の違いはあれど、事の重大さと情勢の深刻さがうかがい知れる。

手術は無事終了した。一命をとりとめたトリアッティは、意識が戻ると、こう尋ねた。

「バルタリは勝ったか?」

ここで、西側諸国で最大の共産勢力となったイタリア共産党の歴史を簡単に振り返ってみたい。

イタリア共産党は、一九二一年に社会党から分離するかたちで結党された。草創期はファシズムの時代だったこともあり、非合法組織として地下や国外での活動を余儀なくされた。しかしながら粘り強く反ファシズム活動を続け、ムッソリーニが失脚する一九四三年前後からレジスタンス活動の中心をになった。その中には作家のジャンニ・ロダーリなど、のちに著名になる文化人たちの顔ぶれもあった。

レジスタンス活動においては、「反ファシズム・反ナチスドイツ」の旗のもと、本来は思想信条の異なる組織――カトリック教会や王党派など――との連携が求められる。しかしながら、それまでのわだかまりや戦後体制のことを考えると、お互いに連携は足踏み状態であった。

連合国軍がシチリアから徐々に北進していたものの、中・北部は依然としてドイツ軍の支配下にあった。足踏み状態を見透かすようにドイツ軍はムッソリーニを幽閉先から救出し、北イタリアで傀儡政権を立ち上げた。イタリアの混乱はますます増すばかりだった。

そんな混乱のさなか、ファシストの迫害から逃れてモスクワにいたトリアッティが、イタリアに帰国した。カトリック教会や右派は共産革命が進むことをおそれた。教皇ピウス一二世もイタリアの共産化をおそれるあまり、親ナチス的なスタンスを取っていたほどであった。かたや共産党の仲間たちは、トリアッティが帰国したことで共産革命が進むことを期待した。

ところが、当のトリアッティは、そんなことよりもまず第一に、ドイツ軍を追いやり傀儡政権を倒すことを目標に掲げた。そのために自身の信条はいったん引っ込めて、カトリック教会や右派と手をたずさえることを訴えた。これが奏功し、レジスタンス活動は一本化。ドイツ軍を駆逐し、ムッソリーニを倒すことができた。現実には他国での戦況や連合国軍の力によるところが大きいと思われるが。ちなみに、ムッソリーニの処刑を命じたのがトリアッティであると言われている。

戦後、国民投票により王政は廃止。イタリアは共和制となり、キリスト教民主党を中心とする政権が発足した。

共産党は戦中のレジスタンス活動を通じて支持基盤を拡げたこともあり、かなりの得票数を得て連立政権の一翼をになった。トリアッティ自身も内閣の一員となった。

パルミーロ・トリアッティ

しかしながら東西冷戦の勃発により、共産党の立場は危うくなった。戦後のイタリアはアメリカからの経済支援に頼らざるをえない状況となっていたが、首相のデ・ガスペリは経済支援と引き換えに共産勢力を政治の中枢から排除するよう、アメリカからの圧力を受けた。また、冷戦により、国民の間でも共産主義に対する恐怖心・反発心が広まっていった。

こうして迎えた一九四八年春の選挙で、共産党は議席数を減らし、政権からも外された。このように対立の深まった時期に、トリアッティの銃撃事件が起きたのである。

病床のトリアッティが朦朧としながらもまっさきに気にかけたジーノ・バルタリは、ちょうどそのころツール・ド・フランスに出場していた。

第二次大戦のため中止となっていたツールは、前年の一九四七年に再開されたばかりであった。大戦前の一九三八年のツールで総合優勝したバルタリであったが、すでに三十四歳という年齢と、一〇年にわたるブランクは大きい。誰しもそう思っていた。

しかも、その一〇年は単なるブランクではなく、戦争による中断なのである。「レースが最高の練習の場」と言われるように、レースを走るための足はレースを走ることでしか培われない。

そんなわけで、バルタリは自転車界の英雄ではあるものの、周囲の認識はすでに「過去の人」であった。「お年寄り」などと揶揄されるほどであった。まだ三十なかばなのに……

期待の薄さは、フランスにおもむく取材陣の少なさや、ミラノ駅での見送りの寂しさにもあらわれていた。

ツールが始まると、バルタリは初日のレースでこそ勝ったものの、その後しばらくはなりをひそめ、中盤までに総合トップとのタイム差は二〇分を超えるものとなっていた。なにより若手の台頭が著しく、バルタリの走りはどうしても見劣りするものだった。

そうして問題の七月一四日を迎えた。この日は休息日で、選手たちはホテルでくつろいでいた。

そこへまず取材陣を通じてトリアッティの銃撃事件とイタリアの混乱が伝えられた。さらに、首相のデ・ガスペリからバルタリあてに電話がかかってきた。デ・ガスペリは、バルタリの調子と勝利の可能性を尋ねた。首相とバルタリはもともと友人だったとはいえ、調子を気に掛けるだけなら、いつでも電話のタイミングはあっただろう。

翌七月一五日は、アルプスの山岳地帯を越えるハードなコースであった。さらに悪天候がこのレースを過酷なものにした。しかしながら「鉄の男」の異名をとるバルタリにとっては、むしろ好都合であった。ライバルたちとの差を詰めるチャンスなのだから。

この日のレースで勝利したバルタリは、総合トップまであと少しというところまでタイムを縮めた。そして、バルタリの勝利の伝わったイタリアでは、政治家たちも国民も、右左問わずその勝利に喜び、爆発寸前となっていた緊張も解けた。バルタリの勝利がイタリアをひとつにまとめ、平安を取り戻したのである。

その後のステージでもバルタリは他を圧倒し、最終的に総合優勝をはたした。バルタリのキャリアで最も輝かしい勝利である。それは単に自転車の世界にとどまることのない勝利だった。

文化人たちも、この勝利に反応した。前章のクルツィオ・マラパルテによるバルタリ・コッピ評は、その翌年に書かれたものである。作家ディーノ・ブッツァーティは、翌年のジロ・ディ・イタリアに同行取材し、記事を連載した。


トリアッティがバルタリの勝利を尋ねた一件は、単なる逸話だという説もある。そもそも、バルタリの勝利とデモの解除が直接つながりがあるものかどうか、はっきり答えられるものでもないだろう。それでも、自転車レースの影響力が大きい時代・大きい国があったということは間違いない。

36　チーム愛？

たまたま昼食に立ち寄った食堂で、ローマの町巡りのテレビ番組が放映されていて、つい見入ってしまった。

ローマといっても、コロッセオやヴァチカンなどの名所旧跡めぐりではなく、バールや町中の水飲み場で人なつっこいローマっ子たちとふれあうといったような内容だった。ちなみに、ローマの水飲み場は、古代ローマ時代に張りめぐらされた水道がベースになっているので、ある種の旧跡ではあるが。

さて、その町巡りの中で、サッカーのASローマチームのファンクラブを訪れるシーンがあった。ASローマは、かつてはトッティや中田英寿も在籍した、セリエA屈指の名門チームだ。

ファンクラブのインタビューでは、ティフォージがASローマ愛をしきりにうったえていて、画面からも熱さがひしひしと伝わってくるほどだった。そんな中、ひとりのおじさんがこう叫んだ。

女房は変えられるが、愛するチームは変わらない！

すると周りの男たちが（女性も）オーッ！　と雄たけびをあげて、ボルテージは最高潮。案外こんなことをいっているおじさんにかぎって、家では奥さんに頭が上がらなそうだが。

ところで、おじさんのこの雄たけびを聞いて、「自転車レースではこういうセリフはありえないな」と感じた。というのも、自転車のロードレースではチームがコロコロ変わるため、「チーム愛」というものがほぼ存在しないのである。

サッカーでも、もちろんオーナーが変わることは頻繁にあるだろう。近年では中近東や中国系の企業がオーナーになるケースも多いだろうが、チーム名や拠点が変わることはまずありえない。ASローマ、ACミラン、フィオレンティーナ、いずれもその町々に根差したチームである。イタリアにかぎらず、スペインのバルサしかり、イギリスのマンチェスター・ユナイテッドしかりである。

野球もそうだ。ジャイアンツは東京、タイガースは関西。こういってはなんだが、そこまで土地に根差していないチームが地方に移転してもさして問題はないと思われる。ホークスやファイターズでは実際問題なかっただろうし、むしろメリットの方が多々あったことと思われる。しかし、ジャイアンツとタイガース（それにカープとドラゴンズ）が、よその土地に移ることは想像もできない話だ。アメリカの大リーグも同様だろう。

ところが、自転車の場合、オーナー企業が変わると、チーム名も本拠地もガラッと変わってしまうのである。

ツール・ド・フランスやジロ・ディ・イタリアといったビッグレースに出られる資格を持つチームは「ワールドチーム」とよばれ、二〇二三年度には一八チームが登録されている。

この中で、私が自転車レースに興味を持ち始めた一九九〇年代から変わらず残っているのはフランスのコフィディスとAG2Rの二チームだけである。なお、これら二チームも、これまで戦績等によってワールドチームから外されたこともあった。

そして、今年の一八チームの中にイタリアのチームはなんとゼロ。もちろんイタリア人選手たちはおのおの各チームに所属しているが、一九九〇年代にはイタリア籍のチームに所属するイタリア人選手たちがレースで暴れまくっていたということもあり、どことなく寂しいものがある。

さて、比較対象としてサッカーや野球を挙げたが、お気づきのように、これらはスタジアムで行う競技だ。スタジアムがあれば当然「わが町のチーム」という意識がなじみやすい。

かたや、自転車のロードレースは、あちらこちらの公道で行われる。むしろ地元で行われることの方がまれだ。

レースの中心はこんにちでもヨーロッパだが、近年は中近東やアジアあるいはオーストラリアなどでもレースが開催される。ヨーロッパ内でも、今週はフランス、来週はイタリアというのが日常茶飯事だ。ファンたちが地元チームのレースを目にする機会というのは、追っかけでもしていれば別だが、滅多にない。チーム名や拠点がコロコロ変わることにさほど抵抗がないのは、このような点も影響しているのかもしれない。

話はそれるが、自転車ファンというのは、どこかしらコスモポリタン的というかアナーキーというか、根無し草なところがあるように思う。かたや、サッカーファンは、思いっきりドメスティックでヤンキー的だ。

さて、ロードレースのようにホーム（競技場）がなく、あちらこちらに転戦し、かつチーム単位で行われるスポーツは他に何があるだろうと思いめぐらしてみたが、いまひとつピンとくるものがない。

しいて挙げれば駅伝だが、これはおそらく日本でしか行われていないだろうから、ケースとしては特殊だ。調べてみたところ、海外でも、ちらほらと大会はあるようだが、大会名もほとんどが「○○ EKIDEN」と名付けられていて、やはり日本独自のものであるようだ。

そして、駅伝の応援の図式は、自分の母校や勤務先のチームといった特殊なケースを除けば、がんばっている選手たち全員を応援しているのではないかと思う。

これは自転車レースもほぼ同じだろう。メディア、特にテレビ放送を見ているかぎりでは、どうしても先頭で活躍する選手にばかり目が行きがちだが、現地で、ことに山岳地帯でレースを観戦すると、盛り上がるのはむしろ後続集団だ。前の方はアタック合戦でもしていれば別だが、たいていが涼しい顔をしてスーッと走り抜けていく（走っている当人は実のところしんどいだろうが）。かたや、後続集団はそれまでアシストとして激務を果たした選手たちが、なけなしの力をふりしぼって必死の形相で登っていく。その姿に、チームも国籍も関係なく歓声が飛ぶ。

応援の対象をあらためて整理してみたい。情熱度の高そうなものから順番をふってみた。

〈サッカー〉
一　チーム
二　特定の選手
三　プレイ（？）

〈自転車〉
一　レースそのもの
二　特定の選手
三　チーム

というわけで、ここまでずっと「チーム愛」をテーマに話を進めてきたが、自転車については「あまり関係ない」「あまり気にしていない」というのが結論だ。暫定的に三位に入れたが、このあたりに「自転車メーカー」などが入る人もいるかもしれず（「応援」というより「関心」かもしれないが）、現実にはチームの位置づけはもっと低いかもしれない。

ファンの立場からはかように優先順位の低い存在だが、自転車競技を支え、成り立たせる上で、

フィオレンツォ・マーニ

チームはぜったいに欠かせない存在だ。

スポンサーのありようとしては、他にも、大会のスポンサー、自転車やパーツなど機材のスポンサー、食料やウェアなど消耗品のスポンサー等々、様々なかたちがあるが、人を抱え長期にわたって運営していくという意味で、重要度・困難度でいえばチームのスポンサーが屈指だろう。

自転車レースが始まった十九世紀後半には、自転車（フレーム）メーカーがチームを所有していた。イタリアではビアンキやレニャーノ、フランスではプジョーなどがチームを抱え、レースでの勝利が販売増につながった。シンプルな図式だ。

この図式は第二次大戦後まで長きにわたって続いたが、一九五〇年代に初めて自転車以外のブランドがチームスポンサーになった。それはスキンクリームで有名なニベア。ニベアを自転車界に呼び寄せたのは、イタリア人選手フィオレンツォ・マーニである。

マーニは一九四〇～五〇年代に活躍した選手で、コッピやバルタリに次ぐ「第三の男」として名をはせた。一九五四年にニベアチームを立ち上げ、翌五五年のジロ・ディ・イタリアでは、コッピをおさえて総合優勝を果たした。ニベアとしても宣伝効果抜群だっただろう。

ニベア自体は一九五六年を最後にスポンサーからおりるが、その後は自転車以外の企業スポンサーが増え、むしろ一般的になっていった。ファエマ（電気機械）、モルテーニ（加工肉）、サルヴァラーニ（住宅設備）などなど。そして自転車メーカーが直接チームを所有することはほぼなくなった。そのかわり機材スポンサーとなっている。

バブル期の八〇年代後半〜九〇年代には日立や東芝、パナソニック（当時松下）など日本の電機メーカーがチームを所有し、チーム名もこれらの企業名が冠されていた。今の日本経済からは想像もできないことだ。ただ、いずれも現地法人がオーナーとなっていたため、日本がチーム拠点となることはなかったが。もちろん、選手もスタッフも、大半がヨーロッパ人だった。

蛇足だが、パナソニックは電機メーカーではあるが、自転車フレーム製造も手掛けているので、販促の意味合いもあっただろう。これは、創業者松下幸之助が若かりし頃、自転車レースに熱を上げていたことによる。

自転車チームについては、その後も時代の景気を反映して、金融系や通信系、そしてＩＴ系などがスポンサーの主体となってこんにちに続く。

応援の対象とはならずとも、どのような企業がチームスポンサーになっているか注目するのも面白いし、なにより自転車文化を支える存在として敬意を表したいと思う。

37 『ブッツァーティのジロ帯同記』評

往年のレースを題材にした貴重な翻訳書が出版された。タイトルは『ブッツァーティのジロ帯同記』。タイトルにあるブッツァーティとは、イタリアの作家ディーノ・ブッツァーティである。ディーノ・ブッツァーティは、一九〇六年イタリア北部ヴェネト州ベッルーノに生まれた。ここはドロミテ山塊を間近にのぞむところで、ブッツァーティは幼少から登山に親しんだという。そのためか、写真で見る彼は、一般的な文筆家のイメージとはかけ離れた、精悍な面立ちだ。

ミラノ大学に学んだのち、新聞社コッリエーレ・デッラ・セーラに入り、記者・コラムニストなどとして終生勤め上げた。並行して創作活動に入り、第二次大戦直前の一九四〇年に発表した『タタール人の砂漠』をはじめ、多くの作品を手掛けた。

『タタール人の砂漠』に代表されるように、彼の作品には不思議な空気がただよっていて、「イタリアのカフカ」などと評されている。ストーリーは不可思議だが語り口が平易で文章力もあるので、ついつい読み進めてしまい、ますますその不条理の蟻地獄にはまり込んで足をからめとられてしまう、そんな魅力がある作家だ。

六〇年代の初めに来日し、京都も訪れたそうだが、その際も名所旧跡には目もくれず、幽霊の出るお寺はないかと言って案内役を困らせたり、路傍の占い師に手相を占ってもらったりと、作品同様、不思議な人だったようだ。

ジロ帯同記は、一九四九年のジロ・ディ・イタリアの新聞記事をのちに編纂したものだ。ブッツァーティは勤め先のコッリエーレ・デッラ・セーラの特派員として約二〇日間に及ぶレースに帯同し、毎日レースが終わると翌朝発行される新聞のために記事をまとめた。前書きによると口述したとあるので、おそらく電話でミラノの編集部に伝えていたのだろう。もちろん彼自身は自転車ではなく自動車で移動していたわけだが、それでも毎日二百〜三百キロもの距離を車に揺られ、疲れはてた状態で原稿を書き、電話口で読み上げる労力は、現代の私たちからは想像もできない苦労だったのではなかろうか。

そして、これもまた彼の他の作品同様、なんとも不可思議なルポルタージュである。新聞記事であれば、レースの展開や結果、選手のインタビューなどが普通書かれているものだろうが、そんなありきたりの内容はほぼ皆無。それどころか、大戦の激戦地を通過するときは戦死者の亡霊がでてきたり、レースの騒音に朝寝をジャマされてボヤいているおっさんがでてきたり（どちら

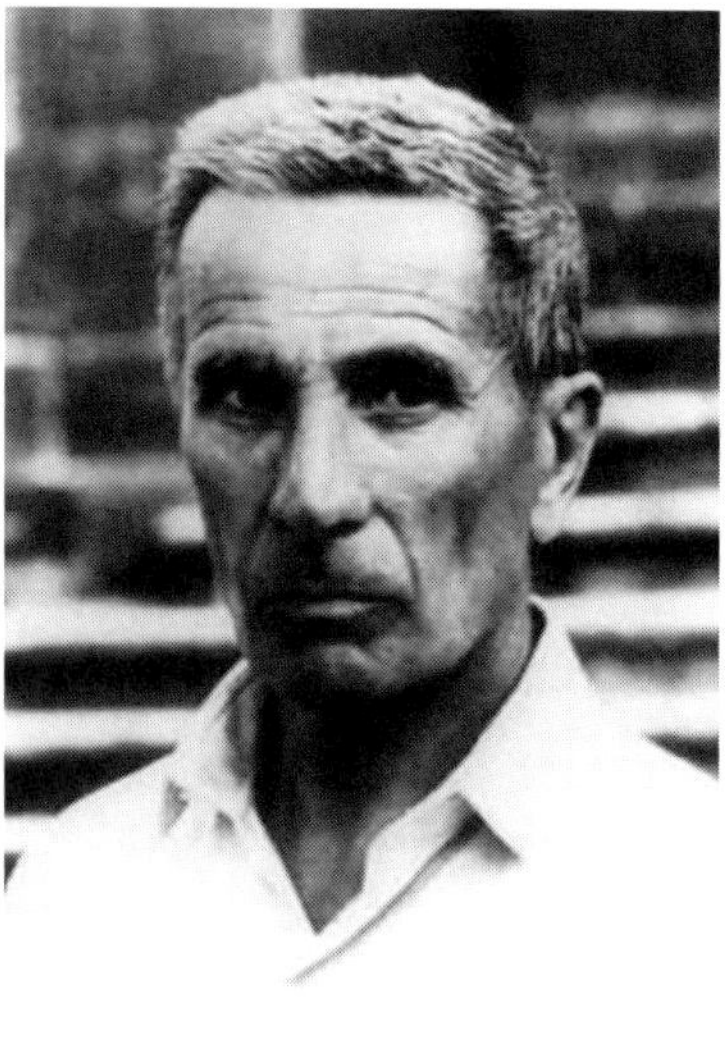

ディーノ・ブッツァーティ

も絶対インタビューなぞしていないはず）、虚実入り乱れて、おカタい自転車ファンが読めば放り投げそうな中味だ。

この年のジロは、自転車レース史に残る大会であった。自転車史上最大のライバル、ジーノ・バルタリとファウスト・コッピの世代交代となったレースだからだ。

前年のツール・ド・フランスも、35章（222頁以下）に紹介したように、レース史のみならず、イタリアの社会情勢にも影響を及ぼした大会であった。

ブッツァーティはそれまで自転車レースを生で見たことがなかったというが、前年のバルタリの活躍がジロを追いかけるきっかけとなったに違いないだろう。


それでは、ページを繰りながら、時系列でレースを追ってみよう。

第一章はいきなり船の中から始まる。第一ステージはシチリアからスタートするので、選手たちは船で夜間移動しているのだ。当然ながら選手たちは睡眠中。ブッツァーティは頭の中に潜り込んで、夢の様子をかいま見る。

無名の若者が強豪たちを相手にアタックをかける。どんどんどんどん引き離す。沿道からの声援が車輪を後押しする。夢の中ではいくら漕いでも、息も上がらず、ノドも乾かない。無敵だ。大歓声の中、ゴールラインを切る。拍手とファンファーレ、花束とキスの嵐。zzz、zzz……

ジェノヴァから船に乗ってパレルモに向かう選手たちは、イタリア統一の中心をになった赤シャツ隊に擬せられる。さかのぼること約九〇年前の一八六〇年、ガリバルディひきいる赤シャツ隊が、同じ航路でパレルモに上陸し、イタリア統一の足がかりとした。ブッツァーティは、戦争によって荒れ果て分断されたイタリアを統一する平和の赤シャツ隊として、自転車選手たちを描く。選手たちを迎える沿道の人々は口々にバルタリ、コッピの名を叫び、その顔には希望の光が輝いている。

第五章でようやく走っている選手が登場する。生でレースを見るのは初めてというブッツァーティだが、集団から逃げを打ち苦痛にゆがむ選手の描写は、自身の体験のようにリアルだ。

太ももは鉛になり、燃えるような砂がひざ関節に染み込む。ペダルは重いぬかるみにはまったようだ。

かと思えば、カターニアでは、レースの物音に朝寝を邪魔されてボヤく中年紳士が描かれる。

「もうこの町ではクリスチャンの人間が寝ている権利すらなくなってしまったのか？　この地獄の騒音はなんだ？」

若いころは多くの女性にひざまずかれたという（元）美男アントニオ。すでに朝十時半を過ぎているのを棚に上げて、クリスチャンの権利なぞ主張している。名優マストロヤンニにでもやらせたらピッタリのはまり役だ。

ブッツァーティのジロ帯同記は、こんな調子でレースと直接関係のない場面が多々描かれている。ある意味カオスだが、楽しいカオスだ。まるでフェリーニの映画でも見ているようだ。

第八章のタイトルは「コッピもバルタリもエボリで止まらない」。カルロ・レーヴィの『キリストはエボリで止まりぬ』からパクった（?）タイトルだ。この章はコッピとバルタリにあてたメッセージ形式になっている。

君たち（筆者注：コッピとバルタリ）は、エボリまでしか来なかったキリストが、決して足を踏み入れなかったはずの寂しい谷間を走り抜けてきた。しかし森の脇の巨礫の上で、険しい道の土手の上で、男たちも女たちも君たちを待っていたのだ。

日頃は貧困と疫病におびえて暗い顔ですごす南部の農民たちが、母国の英雄コッピとバルタリを一目見ようと、目を輝かせて沿道に詰めかけている。しかしながら、二人は体力を温存するために集団の中に埋もれて、沿道からはほとんど目にすることができない。先頭を逃げるか集団の先鋒を走ってくれたら、観衆たちも喜んだのだがという、ブッツァーティなりの愛情あふれるメッセージだ。

ブッツァーティの視点は、貧しい農民たちだけでなく、忘れ去られようとしている人にも向けられる。ナポリからローマへのステージで、モンテ・カッシーノの近くを通過した。ベネディクト会の修道院が建つこの小さな山で激戦が繰り広げられたのは、わずか五年前。イタリア兵だけでなくアメリカ兵、ドイツ兵、がれきに埋もれた亡き人たちとブッツァーティとの不思議な会話が繰り広げられる。彼らは現世の祝祭から永遠に切り離された存在だ。

フレンチアルプスの峠を越える大舞台で、ついに両雄の決戦の火ぶたが切られる。二人の戦いはホメーロスの『イーリアス』に例えられる。コッピがアキレウス、バルタリがヘクトールだ。ゴール後、敗れたバルタリの口元にかすかな笑みが浮かんだのをブッツァーティは見逃さない。いつも不機嫌でしかめっ面のバルタリの笑顔に、真の終焉を見て取る。

突然、知らない人々の拍手喝采や歓呼の声が嬉しくなったのか？　年月の重みはそれほどまでに重いものなのか？　君はついに諦めるのか？

最終章で、ブッツァーティはジロを振り返って、自転車レースは労多くして益少ないロマンティシズムの拠り所であり、おとぎ話だという。

その次の年もまた、いつまでもずっと春ごとに、おとぎ話は続いていく。誰かまともな人が、こんなことを続けるのは馬鹿げていると言い出すまで。

幸か不幸か「まともな人」は七〇年たった現在もまだ現れないようで、今も「自転車でイタリアを一周するような奇妙で馬鹿げたこと」が行われ、人々を夢中にし続けている。

38　レースのイタリア語

本場ヨーロッパのプロレースは一大スペクタクルだ。鍛え抜かれた選手たちが最新鋭の機材にまたがり、美しい風景の中を疾走していく。

そんな壮大なオペラのようなレースを盛り上げるもののひとつに、レースの実況中継も数えられるだろう。

フランスでもイタリアでも、名物アナウンサーともいうべき人がいて、ツールやジロの放送を見るときは、わからないながらも原語で見ている（聞いている）方が気分も盛り上がるというものだ。

とはいえ、やはり多少はわかった方がよりレースを楽しめることはたしかなので、実況でよく使われる単語を紹介しよう。

al comando（アル　コマンド）

集団から逃げを打って先頭を突き進んでいる状況。コマンドの本来の意味は「指揮」や「指令」で、すなわちレースをコントロールしているといったニュアンス。
testa della corsa　（テスタ　デッラ　コルサ）
直訳すると「レースの頭」、すなわち先頭。
前述のアル　コマンドが、どちらかといえばどっぷり感情移入している（ように聞こえる）のに対し、こちらは即物的。ただ単に「前を走っている」といったニュアンス。
vantaggio　（ヴァンタッジョ）
先頭と後方との時間差（あるいは距離の差）。アドバンテージ。
attacco　（アッタッコ）
英語でいうところのアタック。同じようなシーンで使われる言葉としてscatto（スカット：発射）もある。
nella scia　（ネッラ　シーア）
風よけのために他の選手のうしろにピッタリつけること。sciaは船などの軌跡の意。
conclusione　（コンクルジオーネ）

直訳すると「結末」。レースではゴールの意で使われる。

discesa（ディシェーザ）
下り。登りは**salita**（サリータ）。
プロ選手たちは、登りも下りも、とんでもないスピードで走り抜けていく。

montagna（モンターニャ）
山の意。峠は**passo**（パッソ）。
いずれもイタリアの大レースでは欠かせない存在だ。

pendenza（ペンデンツァ）
坂の斜度。パーセントで表示され、水平距離一〇〇メートルあたり一メートル登ると斜度一%、一〇メートル登ると斜度一〇%という計算になる。イタリア語でパーセントは**per cento**（ペルチェント）。

curva（クルヴァ）
カーブのこと。
これに**sinistra**（シニストラ）がつけば左カーブ、**destra**（デストラ）がつけば右カーブ。

corridore（コッリドーレ）

自転車選手のこと。陸上のランナーもこの単語を使う。広い意味での自転車乗りは **ciclista**（チクリスタ）。

favorito（ファヴォリート）

有力選手、優勝候補の意。人気選手という意味合いもある（こちらの方が本来の意）。

gregario（グレガーリオ）

アシストのこと。本来は兵卒や手下といった意味。

Vai!（ヴァイ！）**Dai!**（ダイ！）

「行け！」や「がんばれ！」の意。本来は沿道の観衆たちが口にする応援の言葉だが、イタリアのテレビ中継では、アナウンサーたちは実況よりも自国選手の応援を優先することが多い。

tifosi（ティフォージ）

熱狂的ファンのこと。

本来は「チフス患者」の意味だが、イタリアの熱狂的ファンたちはチフス患者なみに熱にうかされているということか。選手たちより熱くなって、登り坂で尻を押したり、選手といっしょになって走り出したりすることもしばしば。

gruppo（グルッポ）

集団のこと。

これから派生した言葉として**gruppetto**（グルッペット）という単語があるが、こちらは小集団の意。

グルッペットは日本のテレビ局のレース中継でもよく耳にする。ただ、日本では「遅れた集団」の意味で使われているようだが、これは誤用。先頭集団でも少人数であればグルッペットである。

参考文献（出版年順）

〈**自転車関連**〉

『自転車の文化史』佐野裕二、中公文庫、一九八七年

『自転車ロードレース教書』砂田弓弦著、アテネ書房、一九九二年

『イタリアの自転車工房』砂田弓弦著、アテネ書房、一九九四年

『ヴィンテージロードバイク』枻出版社、二〇〇三年

『ツール・ド・フランス物語』デイヴィッド・ウォルシュ著、三田文英訳、未知谷、一九九七年

『フォト！フォト！フォト！』砂田弓弦著、未知谷、二〇〇一年

『ジロ』砂田弓弦著、未知谷、二〇〇二年

『ツール100話』安家達也著、未知谷、二〇〇三年

『サイクルスポーツ　100周年ツール・ド・フランスのすべて』八重洲出版、二〇〇三年九月号別冊

『丸ごと100年ツール・ド・フランス』枻出版社、二〇〇三年

『サイクルスポーツ2004ジロ・デ・イタリアのすべて』八重洲出版、二〇〇四年七月号別冊

『チクリスティ』飛鳥新社、二〇〇四年五月号

『自転車チャンピオン』ルイゾン・ボベ著、三田文英訳、未知谷、二〇〇五年

『ツール伝説の峠』安家達也著、未知谷、二〇〇五年
『イタリアの自転車工房物語』砂田弓弦著、八重洲出版、二〇〇六年
『カンパニョーロ完全読本』枻出版社、二〇〇八年
『ジロ・ディ・イタリア峠と歴史』安家達也著、未知谷、二〇〇九年
『マルコ・パンターニ 海賊の生と死』ベッペ・コンティ著、工藤知子訳、未知谷、二〇〇九年
『Campagnolo - The gear that changed the story of cycling』Paolo Facchinetti, Guido P. Rubino 著、仲沢隆訳、枻出版社、二〇〇九年
『ジロ・デ・イタリア 薔薇色の輪舞』砂田弓弦著、八重洲出版、二〇一〇年
『イタリアンロードバイク&パーツブランド大事典』枻出版社、二〇一〇年
『ロードバイク進化論』仲沢隆著、枻出版社、二〇一〇年
『夢のロードバイクが欲しい!』ロバート・ペン著、高月園子訳、白水社、二〇一二年
『ツール・ド・フランスを知るための100の入り口』Naco 著、八重洲出版、二〇一三年
『ツール・ド・フランス100回グレートヒストリー』フランソワーズ・ラジェ他著、宮本あさか訳、八重洲出版、二〇一三年
『自転車物語スリーキングダム』角田安正著、八重洲出版、二〇一四年
『俺たちはみんな神さまだった』ベンヨ・マソ著、安家達也訳、未知谷、二〇一七年
『挑戦するフォトグラファー』砂田弓弦著、未知谷、二〇一八年
『ブッツァーティのジロ帯同記』ディーノ・ブッツァーティ著、安家達也訳、未知谷、二〇二三年

〈スポーツ全般〉

『別冊1億人の昭和史　昭和スポーツ史』毎日新聞社、一九七六年
『現代思想　特集スポーツの人類学』青土社、一九八六年五月号
『スポーツという文化』サントリー不易流行研究所編、TBSブリタニカ、一九九二年
『パラリンピックを学ぶ』平田竹男・河合純一・荒井秀樹編、早稲田大学出版部、二〇一六年

〈イタリア関連ほか〉

『キリストはエボリに止りぬ』カルロ・レーヴィ著、清水三郎治訳、岩波書店、一九五三年
『現代イタリア史』山崎功著、岩波書店、一九五五年
『人間の土地』サン＝テグジュペリ著、堀口大学訳、新潮社、一九五五年
『峠』串田孫一編、有紀書房、一九六一年
『道の文化史』H・シュライバー著、関楠生訳、岩波書店、一九六二年
『パルミーロ・トリアッティ』山崎功著、合同出版、一九六五年
『世界の宗教　愛と裁き　カトリック』会田雄次・谷泰著、淡交社、一九六九年
『イタリア現代史』森田鉄郎、重岡保郎著、山川出版社、一九七七年
『トリアッティとイタリアの道』ルチャーノ・グルッピ著、大津真作訳、合同出版、一九七八年
『ファンタジーの文法』ジャンニ・ロダーリ著、窪田富男訳、筑摩書房、一九七八年
『イタリア共産党史 1921-1943』河野譲著、新評論、一九八〇年
『イタリア共産党史 1943-1979』伊藤昭一郎著、新評論、一九八〇年

『イタリアのアヴァン・ギャルド』田之倉稔著、白水社、一九八一年
『隠修士の精神――10世紀から12世紀前葉におけるその歴史的意義』池上俊一著、「史学雑誌」第91編11号、一九八二年
『新イタリア事情』エンツォ・ビアージ著、大西克寛他訳、朝日出版社、一九八三年
『ヨーロッパの新聞』佐々木凛一他著、日本新聞協会、一九八四年
『イタリア・ファシズム戦士の革命・生産者の国家』ファシズム研究会編、太陽出版、一九八五年
『イタリア入門』土井正興編、三省堂、一九八五年
『イタリア紀行』ゲーテ著、相良守峯訳、岩波書店、一九八六年
『聖母マリアの謎』石井美樹子著、白水社、一九八八年
『未来派 1909-1944』エンリコ・クリスポルティ、井関正昭構成・監修、東京新聞、一九九二年
『未来派』キャロライン・ティズダル、アンジェロ・ボッツォーラ共著、松田嘉子訳、ＰＡＲＣＯ出版局、一九九二年
『アヴァンギャルド芸術論』ジョルジョ・デ・マルキス著、若桑みどり訳、現代企画室、一九九二年
『タタール人の砂漠』ディーノ・ブッツァーティ著、脇功訳、松籟社、一九九二年
『光の帝国・迷宮の革命』伊藤公雄著、青弓社、一九九三年
『空から女が降ってくる』富山太佳夫著、岩波書店、一九九三年
『時間の文化史上巻』スティーヴン・カーン著、浅野敏夫訳、法政大学出版局、一九九三年
『映画１００年STORYまるかじり　イタリア篇』柳澤一博著、朝日新聞社、一九九四年
『ヨーロッパのキリスト教美術』エミール・マール著、柳宗玄・荒木成子訳、岩波書店、一九九五年
『ローマ法王』竹下節子著、筑摩書房、一九九八年

『12世紀の修道院と社会』杉崎泰一朗著、原書房、一九九九年
『聖書入門』ピエール・ジベール著、遠藤ゆかり訳、創元社、二〇〇〇年
『天使のような修道士たち』ルドー・J・R・ミリス著、武内信一訳、新評論、二〇〇一年
『イタリア現代史研究』北原敦著、岩波書店、二〇〇二年
『ファシズムと文化』田之倉稔著、山川出版社、二〇〇四年
『イタリア軍入門 1939～1945』吉川和篤・山野治夫著、イカロス出版、二〇〇六年
『イタリア20世紀史』シモーナ・コラリーツィ著、橋本勝雄訳、名古屋大学出版会、二〇一〇年
『第一次世界大戦』山上正太郎著、講談社、二〇一〇年
『ヘミングウェイと戦争』日下洋右著、彩流社、二〇一二年
『ヘミングウェイ大事典』今村楯夫他監修、勉誠出版、二〇一二年

〈洋書〉

Istituto dell'Enciclopedia Italiana, *Dizionario Enciclopedico Italiano*, 1970
Dino Buzzati, *Dino Buzzati al Giro d'Italia*, Mondadori, 1981
Pierre Chany, *La fabuleuse histoire du tour de France*, O.D.I.L., 1983
Beppe Conti, *Ciclismo*, Storie Segrete, Armenia, 2003
William Fotheringham, *A Century of Cycling*, Motorbooks Intl , 2003
Comune di Novi Ligure, *Sport e '900*, Massimo & SONIA CIRULLI , 2004
Davide Cassani e altri, *Vai, Pantani,*, Mondadori, 2006
Touring Club italiano, *L'Italia in bicicletta*, Touring Editore Srl, 2007

Pier Bergonzi e altri, *100 anni di Giro*, Vallardi, 2009
Giuseppe Nardini, *La bici d'epoca*, L'Eroica, 2009
Gioachino Gili, *Coppi e Bartali gli eterni rivali*, DeAGOSTINII, 2009
Daniele Marchesini, *L'Italia del Giro d'Italia*, il Mulino, 2009
John Foot, *PEDALARE! PEDALARE!*, Bloomsbury, 2011
Gianni Rodari, *Filastrocche in cielo e in terra*, Edizioni EL, 2016

〈取材協力〉（五十音順）

アイズバイシクル　京都市右京区竜安寺塔ノ下町 1-8
アトリエ キノピオ　長野県上伊那郡箕輪町福与 444
ヴィンテージ・ロード・ギャラリー「ビチクラシカ」　大阪市中央区瓦屋町 2-14-8
バイオリン工房クレモナ　大阪府枚方市津田元町 1-23-8
フェロートラベル大阪支店　大阪市北区東天満 1-11-15

〈初出〉

公益財団法人日本イタリア会館
会報誌『コレンテ』二三五号〜三九一号（二〇一〇年六月〜二〇一三年六月、隔月掲載）に加筆修正

あとがき

本書は、勤務先である日本イタリア会館の会報誌に連載していた記事をまとめたものである。日本イタリア会館はイタリア文化の普及・理解の促進を理念として語学講座や文化活動を行っている公益財団法人で、そのため本書の内容もイタリアを中心としたものになっている。欧州のロードレースについて語るのであればフランスを軸に語るのが本来だろうが、そういった次第でご了解願いたい。

内容についても、これまでの連載で「イタリアのことはある程度知っているが、ロードレースのことはほとんど知らない」という読者を想定して執筆していたため、ロードレースのごく初歩的な基礎知識を繰り返し書いているし、テーマもレースそのものより歴史的・社会的背景や地誌などを中心としたものになっている。ただ内容に関しては、読者に配慮してというより、その時々で自分の興味・関心の方向にしたがって執筆したというのが実際のところだ。

舞台背景にスポットを当てることで、自転車レースの成り立ちや位置づけが立体的に浮かび上がればと願っているが、雑なパッチワークになってしまっているかもしれない。

本書の執筆にあたっては、サイクルフォトグラファーの砂田弓弦氏の著書に負うところが大きい。そもそも私が欧州のロードレースに興味を持ち始めたのも、砂田さんの写真や記事を通じてであり、日本でここまでロードレースが認知されるはるか前にイタリアに単身渡られ、現地情報を日本に届けられたパイオニアワークに心から敬意と謝意を表したいと思う。また安家達也先生の本も大いに参考にさせていただいた。アーカイブ的でありながら、読み物としても楽しめる著書の数々は、執筆にあたっての指針ともなった。今こうしてお二方と同じ出版社から上梓させていただけるというのも感慨深いものがある。

出版にあたり、未知谷の飯島徹氏と編集の伊藤伸恵氏に多大なご尽力をいただいた。心よりお礼を申し上げたい。

たにぐち　かずひさ

1969年東京都生まれ。慶應義塾大学経済学部卒。現在、公益財団法人日本イタリア会館勤務。1995年からロードバイク（当時はロードレーサーと呼んでいた）に乗り始め、あわせてツールなど海外のロードレースに興味を持つ。

素晴らしき自転車レース

2023年8月18日初版印刷
2023年8月31日初版発行

著者　谷口和久
発行者　飯島徹
発行所　未知谷
東京都千代田区神田猿楽町2丁目5-9　〒101-0064
Tel. 03-5281-3751 / Fax. 03-5281-3752
［振替］　00130-4-653627

組版　柏木薫
印刷製本　モリモト印刷

Publisher Michitani Co. Ltd., Tokyo
Printed in Japan
ISBN 978-4-89642-697-7　C0095